Kane

Das Geheimnis wundervoller Beziehungen

Ariel & Shya Kane

Das Geheimnis wundervoller Beziehungen

durch unmittelbare Transformation

Autorisierte Übersetzung aus dem Amerikanischen
von Sylvia Luetjohann

WINDPFERD

Titel der Originalausgabe:
How to Create a Magical Relationship –
The 3 Simple Ideas That Will Instantenously Transform your Life,
erschienen bei McGraw-Hill, USA

Autorisierte Übersetzung aus dem Amerikanischen von Sylvia Luetjohann

Windpferd Taschenbuch
85643

4. veränderte und erweiterte Auflage
Januar 2011

Vollständige Taschenbuchausgabe
der im Windpferd Verlag erschienenen Erstausgabe

WINDPFERD TB ist ein Imprint der
Windpferd Verlagsgesellschaft mbH

Umschlaggestaltung: Kuhn Communication Design, Amden (CH),
unter Verwendung eines Fotos von William B. Sayler
Autorenfoto: William B. Sayler
Lektorat: Stephanie Hoevermann
Gesetzt aus der Adobe Garamond
Druck: Himmer AG, Augsburg

FSC www.fsc.org
MIX
Papier aus verantwortungsvollen Quellen
FSC® C095359

Printed in Germany · ISBN 978-3-89385-643-5
www.windpferd.de

Dieses Buch ist all jenen gewidmet,
die den Mut haben,
selbst angesichts von Enttäuschung
weiter ihren Träumen zu folgen.

INHALT

VORWORT

Nachdem wir seit mehr als zwanzig Jahren zusammen sind, fühlt sich unsere Beziehung immer noch neu, frisch und enger als je zuvor an. Es gab jedoch Zeiten, in denen das nicht so gewesen ist. Als wir uns erstmals begegneten, war zwar eine starke Anziehung da, doch unser Verhalten trug nicht gerade dazu bei, eine wundervolle Beziehung herzustellen. Dies war nicht unsere Absicht, doch es war die einzige Art, die wir kannten, wie man eine Beziehung eingeht. Jeder von uns tat Dinge, die wir bei anderen abgeschaut hatten, und wir lebten unsere Beziehung so gut wir konnten. Es widerstrebte uns jedoch, jene Aspekte in unserer Kommunikation und Interaktion miteinander zu betrachten, die wir für negativ hielten. Und wenn irgendetwas zwischen uns nicht stimmte, dann war mit Sicherheit der andere schuld daran.

Im Laufe der Jahre haben wir entdeckt, was dazu nötig ist, um eine gesunde Beziehung aufzubauen und sie lebendig zu halten, Konfrontationen zu vermeiden und Spaß miteinander zu haben. Wir haben auch gelernt, wie die Glut von Liebe und Leidenschaft zu bewahren und neu zu entfachen ist.

In unserem ersten Buch, *Lebe im Augenblick! Verwandeln statt verändern – Die Erfahrung der Unmittelbaren Transformation,* haben wir bereits die Grundlage dafür geschaffen, wundervolle Beziehungen zu haben. Dieses Buch macht mit unseren drei Prinzipien der Transformation bekannt. Es umreißt den Unterschied zwischen der Transformation deines Lebens und dem bloßen Versuch, diejenigen Aspekte zu verändern, mit denen du nicht zufrieden bist. In *Das Geheimnis wundervoller Beziehungen* erweitern wir diese Prinzipien im Hinblick darauf, wie sie sich auf Beziehungen anwenden lassen. In diesem Buch wirst du die Geheimnisse finden, über die wir auf unserem Weg gestolpert sind, die wir gelernt und entdeckt haben – und die es uns ermöglichten, aus zwei einzelnen Individuen, die voneinander angezogen wurden, zu einem Paar mit einer lebendigen Ehe zu werden.

Die Prinzipien der Transformation lassen sich immer anwenden, ob wir nun von einer Liebesbeziehung sprechen oder von der Art und Weise, welche Beziehungen du zu Freunden, Familienangehörigen oder Mitarbeitern hast. Sie überschreiten kulturelle und geschlechtsspezifische Grenzen und errichten eine starke Basis, damit wirkliche Kommunikation und echte Interaktion stattfinden kann.

Das Geheimnis wundervoller Beziehungen bringt Beispiele aus unseren persönlichen Erfahrungen als Paar und als Beziehungsberater. Wir versetzen dich auch mitten hinein in eines unserer Abendseminare, um dir einen unmittelbaren Eindruck davon zu vermitteln, wie ein transformativer Ansatz dich darin unterstützen kann, die von dir erträumte Beziehung zu haben.

In dem Kapitel *Die Basis für eine wundervolle Beziehung schaffen* besprechen wir ausführlich das Phänomen der Transformation, so dass du damit beginnen kannst, es zu erkennen und dafür zu sorgen, dass es in deinem Leben auftritt. Wir umreißen unsere spezielle Sichtweise, die es dir ermöglichen wird, den Prozess in Gang zu setzen, Beziehungen zu haben, die müheloser sind, mehr Spaß machen und – ja, die auch voller Wunder sind.

Wir werden die verschiedenen zerstörerischen Faktoren identifizieren und erforschen, die unserer Beziehungsfähigkeit schaden. Dabei handelt es sich um die Dinge, die Nähe und Vertrautheit unwissentlich sauer machen und das gerinnen lassen, was einmal süß und bekömmlich war. Sobald du von ihrer Existenz weißt, kannst du herausfinden, wie diese Fallen zu vermeiden sind.

Wir werden auch die Prinzipien erklären, die uns dabei geholfen haben, unsere ermüdeten Lebensgeister wieder aufzuwecken und den normalen Verschleiß des Alltagslebens wieder wettzumachen. Einige dieser Dinge magst du womöglich auf so selbstverständliche Weise tun, dass du sie nicht als die machtvollen Beziehungswerkzeuge erkennst, die sie sind. Dann aber, wenn du aus der Fassung gerätst und mit deinem Partner nicht übereinstimmst, wirst du vielleicht vergessen oder nicht erkennen, dass du diese Werkzeuge als Bausteine dafür verwenden kannst, um wieder eine glückliche, heilsame, liebevolle Form der Beziehung aufzubauen.

Am Ende von einigen Kapiteln haben wir einfache Übungen eingefügt, die dich darin unterstützen werden, die in *Das Geheimnis wundervoller Beziehungen* vorgestellten Ideen unmittelbar von einem Konzept in eine praktische Erfahrung umzusetzen.

Vielleicht hast du romantische Verabredungen oder denkst darüber nach, dich wieder zu verabreden. Wir lassen dich daran teilhaben, wie dieser Prozess für uns und für die vielen gewesen ist, denen wir dabei geholfen haben, nicht bloß davon zu träumen, einen Partner zu finden. Wir haben mit einzelnen Menschen gearbeitet, die es aufgegeben hatten, jemals eine romantische Beziehung zu erleben. Sie haben nun ihre Seelenpartner gefunden. Als sie die Prinzipien anwendeten, die wir auf den folgenden Seiten ausführlich beschreiben, haben selbst Menschen, die in ihren späten dreißigern und vierzigern sind und niemals zuvor eine funktionierende Beziehung hatten, Liebe gefunden und sind dauerhafte, lebendige Ehen eingegangen. Wir haben auch mit anderen gearbeitet, die seit mehr als drei Jahrzehnten verheiratet waren und nach Jahren, in denen sie einander bloß noch ertragen hatten, die Flammen von Liebe, Romantik und Leidenschaft wieder neu entzündet haben.

Ob du eine Liebe hast, deren Feuer hell und kräftig brennt, oder ob du noch nach dem besonderen Jemand suchst, *Das Geheimnis wundervoller Beziehungen* wird dabei helfen, deinen Weg zu erhellen und dir erlauben, die Barrieren auf dem Weg zu Nähe und Vertrautheit zu umgehen, so dass du eine Beziehung haben kannst, die deine Träume bei Weitem übertrifft.

Viel Spaß auf der Reise!
Ariel & Shya Kane

DANKSAGUNG

Wir danken allen in der ganzen Welt, die Teil unserer Transformations-Gemeinschaft sind, für euren Mut, eure Unterstützung und Partnerschaft. Ihr seid unsere Inspiration.

Denjenigen von euch, deren Geschichten in diesem Buch erscheinen (ihr werdet euch darin erkennen, auch wenn wir eure Namen verändert haben), danken wir dafür, so ehrlich und offen im Enthüllen eurer Lebenserfahrungen gewesen zu sein. Wir wissen es auch aufrichtig zu schätzen, dass Amy Beth Gideon so freundlich war, uns ihren Beitrag „Warum sorge ich mich um dumme, dumme Dinge?“ abdrucken zu lassen.

Besonders danken wir all jenen, die dabei geholfen haben, dieses Buch in all seinen Entwicklungsstufen Korrektur gelesen, bearbeitet, gefördert und produziert zu haben. Ihr seid so großzügig gewesen: mit eurer Zeit, Energie und der inneren Verpflichtung zu hervorragender Leistung.

Ferner gilt unser aufrichtiger Dank auch allen, die die deutsche Fassung dieses Buches ermöglicht haben: Amy Gideon, Antje Ahlborn, Stefanie Lück, Stefanie Ehrle, Bob Finnen, Stephanie Hoevermann, Monika Jünemann und den Mitarbeitern des Windpferd Verlags, Doris Lehman, John Lehman, Rainer Lück, Sylvia Luetjohann, Hilli Monzel, Stephan Monzel, Beatrix Niemeyer, Dorina Nitz, Bill Sayler und Norman Weiß sowie den Eigentümern und Mitarbeitern von TAG Online.

Wenn du den Mut hast,
dich selbst ehrlich zu sehen,
und dich nicht für das verurteilst,
was du siehst,
dann wird sich dein Leben transformieren
und gemeinsam damit
auch deine Beziehungen.

Transformation ist wie
der Stein der Weisen in der Alchemie,
von dem behauptet wurde,
er verwandle unedle Metalle in Gold.
Transformation erfasst
eine alltägliche, durchschnittliche Beziehung
und verwandelt sie in eine magische.

1
DIE BASIS FÜR EINE WUNDERVOLLE BEZIEHUNG SCHAFFEN

Wenn du anfängst, dieses Buch zu lesen, frage dich selbst, warum du es in die Hand genommen hast. Hast du Gutes darüber gehört? Wurdest du von dem Titel oder dem Umschlag angezogen? Vielleicht steckst du ja irgendwo auf deiner eigenen Reise fest, eine wundervolle Beziehung herzustellen. Vielleicht suchst du auch nach Tipps, deinen Partner zu verbessern, damit du dich weniger über ihn oder sie ärgerst. Vielleicht bist du einfach nur neugierig. Jeder Grund hat seine Gültigkeit. Um den größten Nutzen aus dem zu ziehen, was *Das Geheimnis wundervoller Beziehungen* anzubieten hat, ist es wichtig, dass du damit anfängst, dich selbst kennenzulernen.

Da du dieses Buch in die Hand genommen hast, besteht die Wahrscheinlichkeit, dass du daran interessiert bist, Beziehungen zu haben, die für dich und für die Menschen, mit denen du eine Beziehung eingehst, lohnenswert sind. Auf den folgenden Seiten wirst du voraussichtlich auf Dinge stoßen, die du von selbst die ganze Zeit über tust und getan hast und die in deinem Umgang mit anderen gut funktionieren. Du wirst auch Dinge feststellen, die hinderlich für deine Fähigkeit sind, Tag für Tag ein Gefühl des Wohlbefindens zu haben. Beides ist wichtig.

Die in diesem Buch vorgestellten Ideen sind eine radikale Abwendung davon, an dir selbst oder an deiner Beziehung zu arbeiten, um eine positive Veränderung herbeizuführen. Dieses Buch handelt davon, eine neue Sichtweise zu entdecken, eine neue Art und Weise, dich selbst, dein Leben und deine Beziehungen zu betrachten. Es wird von dir verlangt, ein paar sehr einfache Prinzipien zu erlernen, welche die Art und Weise, wie du Beziehungen herstellst und wie du über das Leben denkst, schlagartig umwandeln können.

Wir beide haben eine weitaus schnellere und dauerhaftere Technik gefunden, als uns selbst und unseren Partner zu kritisieren und endlose Listen mit guten Vorsätzen aufzustellen, die uns dazu bringen sollen, dass wir uns positiver verhalten. Wir haben die Möglichkeit der Unmittelbaren Transformation entdeckt.

WAS IST UNMITTELBARE TRANSFORMATION?

Fangen wir mit einer kurzen Einführung an, was damit gemeint ist, wenn wir den Begriff „Transformation" verwenden. Transformation ist ein Phänomen, das wir im Laufe dieses Buches erforschen werden. Dies ist nur ein erster Versuch, dieses komplexe und gleichzeitig einfache Geschehen zu erklären.

Transformation ist eine Umwandlung im Zustand. Zum Beispiel geht ein Wassermolekül bei 0 Grad Celsius vom flüssigen in den festen Zustand über. Auch wenn seine Molekularstruktur dieselbe geblieben ist, ist Eis nicht das Gleiche wie Wasser, weil es sich transformiert hat.

Transformation ist lediglich ein Wort,
das wir verwenden, um zu beschreiben,
was passiert, wenn du entdeckst,
wie du im Augenblick leben kannst.

Es ist eine Umwandlung der Form deiner Interaktion mit dem Leben, so dass mechanische, automatische, unbewusste Verhaltensweisen aufhören, deine Wahlmöglichkeiten zu beherrschen. Transformation könnte mit einer proaktiven Lebensweise gleichgesetzt werden, die aber nicht *gegen* etwas gerichtet ist. Die meisten Menschen haben ihr Leben entweder in Übereinstimmung oder im Widerstreit mit etwas festgelegt, was sie erlebt haben oder dem sie ausgesetzt waren. Bei der Transformation können deine Lebensumstände dieselben bleiben, doch die Art und Weise, wie du dich gegenüber diesen Umständen verhältst, wandelt sich radikal. Bevor sich das Leben von Menschen transformiert, machen sie die äußeren Umstände dafür verantwortlich, wie sie sich fühlen. Nachdem eine Transformation stattgefunden hat, sind diese Umstände jedoch nicht mehr der bestimmende Faktor. Es ist ein Zustand, in dem das bloße Sehen eines Verhaltensmusters genügt, um es zu vollenden.

Transformation wirkt auf alle Aspekte im Leben eines Menschen ein, nicht bloß auf einen Bereich. Sie wird nicht durch den Willen oder den Wunsch nach Veränderung hervorgerufen. Sie geschieht einem Menschen und sie geschieht dann, wenn er sein Leben direkt lebt, anstatt darüber nachzudenken, wie er sein Leben „auf die richtige Weise" leben sollte. Transformation ist die natürliche Folge, wenn du Bewusstheit in dein Leben bringst.

BEWUSSTHEIT

Unsere Definition von Bewusstheit ist „wertungsfreies Sehen". Es handelt sich um ein objektives nicht-kritisierendes Sehen oder Bezeugen des Wesens oder „Soseins" einer bestimmten Sachlage oder Situation. Es ist ein fortlaufender Prozess, in dem du dich selbst darin schulst, dich in den Augenblick zurückzubringen, anstatt dich in Gedanken über das zu beklagen, was du als falsch wahrnimmst, oder über das, was du vorziehen würdest.

Den meisten von uns ist beigebracht worden, dass wir dann, wenn wir uns über etwas bewusst werden, etwas tun müssen, um das zu verändern oder zu kitten, was wir entdecken. Bei der Transformation reicht das Sich-Bewusst-Sein selbst oft aus, Lösungen darzubieten, ohne etwas an dem ändern zu müssen, was man sieht.

Du könntest es damit vergleichen, dass du durch einen großen Konferenzraum gehst, in dem das Licht ausgeschaltet ist. Wenn dort überall verstreut Stühle und Tische stünden und du würdest versuchen, den Raum auf geradem Wege zu durchqueren, dann würdest du mit Sicherheit stolpern oder hinfallen. Mit Licht könntest du jedoch allen Hindernissen mühelos ausweichen. Durch die bloße Erhellung dessen, was ist, können die Fallen, die einer harmonischen Beziehung im Wege stehen, umgangen werden.

Ein anthropologischer Ansatz

Unser Ansatz ist seiner Art nach anthropologisch. Anstatt uns damit zu beschäftigen, warum die Menschen so sind wie sie sind, sind wir daran interessiert, den Mechanismus und die Dynamik zu erkennen, wie Menschen „funktionieren". Ein Anthropologe enthält sich einer Beurteilung, um Kulturen objektiv studieren zu können – nicht als richtig oder falsch, gut oder schlecht, als etwas, das verbessert oder verändert werden muss, sondern einfach, um ihre sozialen Sitten, Bräuche und Normen zu erkennen. Er beobachtet die Vorgehensweise und Interaktion einer Kultur. Wir laden dich dazu ein, mittels dieser anthropologischen Metapher zu erforschen, auf welche Weise du Beziehungen eingehst. Sei ein Wissenschaftler und studiere eine Kultur einer einzelnen Person – dich selbst.

Um eine wundervolle Beziehung herzustellen, ist es wichtig, dass du die Kunst der Selbstbeobachtung lernst, ohne dir etwas vorzuwerfen. Die meisten von uns beobachten nicht einfach nur, wie wir agieren. Vielmehr urteilen wir über uns und vergleichen die Art und Weise wie wir sind damit, wie wir unserer Meinung nach auf der Grundlage kultureller Normen (oder der Ablehnung solcher Normen) sein sollten. Wir sind darauf fixiert, das zu verbessern, was wir als unsere Schwächen und Fehler wahrnehmen, anstatt uns neutral zu beobachten. Bei Transformation geht es nicht darum, dich selbst zu einem besseren Menschen oder deinen Partner zu einer neuen vollkommeneren Version seiner selbst zu machen. Es geht darum, so zu sein, wie du bist. Wenn du einfach siehst, wie du bist, ohne zu urteilen, zu manipulieren oder zu versuchen, das zu verbessern, was du siehst, wird dies das Beenden unerwünschter Verhaltensweisen erleichtern.

Auf welche Weise? Nun, durch die neutrale Beobachtung von etwas wird keine Energie hinzugefügt – weder dafür noch dagegen – und alles in diesem Universum braucht Energie zum Überleben. Wenn du deinen Gewohnheiten keine Energie zuführst, werden sie sich auf natürliche Weise vermindern und ganz von selbst vergehen.

Wir beide haben viele Jahre gebraucht, bis wir entdeckten, auf eine Art und Weise miteinander umzugehen, die es möglich werden ließ, dass unsere Beziehung blühen und wachsen, nährend sein und sich vertiefen konnte. Wir stießen auf die Antwort, als wir eines Tages von einem Strand in San Francisco einen Hang hochstiegen. In diesem Moment erkannte Shya, dass er damit abgeschlossen hatte, an sich selbst zu arbeiten. Kurz danach hörte er auch damit auf, Ariel zu kritisieren.

Wenn du dich selbst kritisierst, wirst du auch deinen Partner kritisieren. Wir beide haben wirklich entdeckt, dass es nicht funktioniert, an dir selbst (und an deiner Beziehung) zu arbeiten.

Wenn du einen Seelenpartner haben möchtest
und keinen Gegner in einem endlosen Kampf,
ist der Ort, an dem du anfangen musst,
bei dir selbst.

WIE AN DIESES BUCH HERANZUGEHEN IST

Schau als Erstes, ob du die hier dargebotene Information lesen kannst, ohne dass du versuchst, sie auf dein Leben oder die Art und Weise anzuwenden, wie du Beziehungen herstellst. Wir sind uns im Klaren darüber, dass dies eine Herausforderung sein mag, doch bei der Unmittelbaren Transformation gibt es nichts, woran du arbeiten oder was du tun musst, was du zu verbessern oder zu verändern suchst, um eine wundervolle Beziehung zu schaffen.

Zustimmung und Widerspruch

Gib bitte nicht der Neigung nach, den hier dargestellten Ideen zuzustimmen oder ihnen zu widersprechen, denn wenn du sie zerpflückst und analysierst, wirst du nie die Essenz dessen erfassen, was gesagt wird. Wenn du zustimmst oder widersprichst, vergleichst du das, was gesagt wird, mit dem, was du bereits weißt, anstatt wirklich zuzuhören. Ein Teil der Transformationstechnik besteht darin, dich zu schulen, dem Standpunkt des Sprechers zuzuhören, anstatt darüber nachzudenken, ob du dem Gesagten zustimmst oder nicht. Im vorliegenden Fall ist das geschriebene Wort der Sprecher.

Um etwas Neues zu entdecken, musst du die Vorstellung aufgeben, dass du bereits weißt, was gesagt wird. Du musst auch die Angst überwinden, dumm zu erscheinen, sei es vor dir selbst oder vor anderen, weil du nicht bereits weißt, was du herausfinden wirst. Unsere Bitte lautet, dass du es einfach einmal versuchst. Wovon wir sprechen, funktioniert. Es hat sich im Leben jener Menschen bestätigt, welche die Prinzipien dieses Buches gemeistert haben. Wir möchten dich wissen lassen, dass wir den Mut schätzen, den es erfordert, und dass wir das Unbehagen kennen, das man durchmacht, wenn man irgendein neues Set von Fertigkeiten erlernt – und das Set von Fertigkeiten der Bewusstheit bildet da keine Ausnahme.

Innere Programme

Viele werden dieses Buch wie ein Programm lesen, um etwas dingfest zu machen, das mit ihrem Partner nicht stimmt. Wenn dies der Fall ist, werden sie sich auf diejenigen Abschnitte konzentrieren, die ihrer Ansicht nach die „Probleme“ ihres Partners ansprechen, und alles überlesen, was ihnen nicht als Bestätigung dient. Sie sammeln Beweise, um ihren Standpunkt zu bekräftigen, und lassen alles außer Acht, was ihn nicht bekräftigt. Nehmen wir als Beispiel die Frau, welche die Vorstellung hat, dass Männer grobe, ungehobelte und unsensible Flegel sind. Jedes Mal, wenn ein Mann freundlich, sanft oder nett zu ihr ist, werden diese Verhaltensweisen nicht zur Kenntnis genommen. Es ist nicht so, dass sie den Gedanken hat, diese abzulehnen, sondern vielmehr so, als ob es einen Filter gibt, der alles aussiebt, was ihren Standpunkt nicht bestätigt. Wenn du weiterliest, werden wir das Thema der inneren Programme eingehender untersuchen. Dies wird dir dabei helfen, dir deiner eigenen Filter bewusst zu werden, die von einer weniger weit entwickelten, jüngeren Version von dir erschaffen wurden. Deine inneren Programme schränken ein, was dir möglich ist.

Verwirrung und Paradox

Bei einem transformativen Ansatz gibt es zwei Faktoren, die erwähnt werden müssen. Der erste ist Verwirrung. Da dieser Ansatz so weit außerhalb der gewöhnlich geltenden Realität hinsichtlich Beziehungen liegt, wird Verwirrung eine übliche Reaktion sein. Das ist kein Problem. Sie ist Teil des Prozesses, wenn der Verstand sich mit neuen Ideen auseinandersetzt.

Der zweite Faktor ist das Paradox, das eintritt, wenn zwei scheinbar widersprüchliche oder unvereinbare Ideen in der Tat beide wahr sind. Ein klassisches Beispiel für ein solches Paradox wäre die Aussage: „Wasser, Wasser überall, und doch kein Tropfen zu trinken." Dies sind zwei scheinbar widersprüchliche Aussagen, doch wenn du jemals einen Fluss gesehen hast, dessen Ufer nach einem Hochwasser überschwemmt sind, dann weißt du, dass diese beiden Aussagen gleichzeitig möglich sind. Bei einer Überschwemmung ist überall Wasser, doch du würdest es bestimmt nicht trinken wollen.

Hier eine Geschichte, die das Paradox veranschaulicht:

Einmal durchquerten ein Meister und sein Diener eine Wüste. Sie gelangten zu einer Oase und beschlossen, dort die Nacht zu verbringen. Als sie am Morgen erwachten, entdeckten sie, dass ihre Kamele verschwunden waren. Der Meister sagte zu seinem Diener: „Wo sind die Kamele?"

Darauf entgegnete der Diener: „Nun, ich habe nur das getan, was ihr mir immer sagt."

„Und was ist das?", fragte der Meister.

„Ihr sagt mir immer, Allah zu vertrauen, deshalb habe ich das getan. Ich vertraute darauf, dass Allah sich um die Kamele kümmern würde."

„Ah", sagte der Meister, „das stimmt. Natürlich musst du Allah vertrauen, aber du musst auch die Kamele festbinden."

Das Paradox bei einem transformativen Ansatz, um eine wundervolle Beziehung herzustellen, besteht darin, dass es nichts an dem zu tun gibt, was du entdeckst, und dass es manchmal Dinge gibt, die getan werden müssen.

Etwas Neues lernen

Als Nächstes müssen wir ansprechen, wie der Verstand arbeitet. Er funktioniert ganz ähnlich wie ein Computer und sortiert Informationen nach Ähnlichkeiten oder Unterschieden im Vergleich zu dem, was er bereits kennt. Dies ist eine sehr nützliche Funktion, jedoch kann sie auch als Hindernis wirken, um irgendetwas zu entdecken, das außerhalb des Bekannten existiert.

Unser Verstand funktioniert, indem er von unserer Vergangenheit aus extrapoliert. Hinweise auf eine mögliche Zukunft kann er nur auf der Grundlage des bereits Bekannten geben. Wenn du niemals eine gute Beziehung gehabt hast, ist es somit unmöglich, dir eine solche vorzustellen. Es ist weitaus schwieriger, etwas zu sehen, das du nicht bereits kennst, weil der Verstand dazu neigt, frühere Informationen und vorhandenes Wissen bereitzustellen, um den gegenwärtigen Augenblick zu interpretieren. Nehmen wir als Beispiel den folgenden Ausspruch: „Der Frühling in Paris".

„Der Frühling in Paris" ist eine alte Redewendung, die du schon viele Male gehört haben magst. Aber hast du irgendetwas Ungewöhnliches bemerkt, als du die obige Aussage gelesen hast? Hast du gesehen, dass dieses Zitat in Wirklichkeit einen Fehler enthielt? Tatsächlich lautet es „Der Frühling in *in* Paris". Der Verstand sieht, was er zu sehen erwartet, und übersieht häufig, was wirklich da ist. Er wird das neu ordnen, was tatsächlich gesagt wird, damit es in sein logisches System hineinpasst.

Wenn du dieses Buch liest, um zu sehen, ob du mit dem, was gesagt wird, übereinstimmst oder nicht, dann wird dir das Neue daran entgehen, weil du nur zustimmen oder anderer Meinung sein kannst, wenn du das, was gesagt wird, mit dem vergleichst, was du bereits weißt. Du wirst unabsichtlich alle Arten und Weisen bekräftigen, in denen du dich gegenwärtig in Beziehungen verhältst – einschließlich derjenigen Aspekte in deinen Beziehungen, die du störend findest.

2
DIE PRINZIPIEN DER UNMITTELBAREN TRANSFORMATION

Es gibt die Möglichkeit, wirklich wundervolle Beziehungen in allen Aspekten deines Lebens zu haben, ob es sich nun um eine romantische Beziehung, eine zur Familie oder zu Freunden oder einfach um deine Beziehung zu dir selbst handelt.

Wir gehen von der Hypothese aus, dass, wenn die Prinzipien der Transformation auf Beziehungen angewendet werden, das Ergebnis Partnerschaft, Selbstausdruck und Selbsterfüllung sein wird. Wieder legen wir dir nahe, nicht der Neigung nachzugeben, diesen Prinzipien zuzustimmen oder nicht, und sie lediglich für eine Möglichkeit zu halten, durch die man die komplexe Natur von Beziehungen untersuchen kann.

Es gibt drei Prinzipien der Transformation:

1. Alles, wogegen du dich wehrst, bleibt bestehen und wird stärker. Hast du bemerkt, was passiert, wenn es irgendetwas an deinem Partner gibt, das du nicht magst oder zu ändern versucht hast? Je mehr du dich bemühst, ihn oder sie zu verbessern oder zu verändern, desto mehr beharrt er/sie darauf, der/dieselbe zu bleiben. Diejenigen Dinge, mit denen du bei deinem Partner nicht einverstanden bist, beherrschen dein Leben und deine Beziehung. Am Ende sind dies die einzigen Dinge, auf welche sich deine Aufmerksamkeit konzentriert. Du siehst nicht mehr die positiven Punkte, jene Dinge also, die dich anfangs zu ihm/ihr hingezogen haben. Du siehst nur die Fehler oder das, was du für Fehler hältst. Daher nochmals, das erste Prinzip lautet: Alles, wogegen du dich wehrst, wird bestehen bleiben, sich fortsetzen und in der Tat deine Beziehung beherrschen.

2. Zwei Dinge können nicht denselben Raum zur selben Zeit einnehmen. Eine andere Art und Weise, dies zu betrachten, könnte darin bestehen, dass du in jedem beliebigen Augenblick nur so sein kannst, wie du gerade bist. Die meisten Menschen haben die Vorstellung, dass sie anders sein könnten, als sie sind, oder dass ihr Leben anders hätte sein können, als es war. Wenn du aber hinschaust und ehrlich mit dem bist, was du siehst, wirst du entdecken, dass du in jedem beliebigen Augenblick nur genauso sein kannst, wie du bist.

Hier ist ein Beispiel dafür: Würden wir einen Fotoapparat nehmen und dich fotografieren, dann wirst du, wenn sich der Verschluss der Kamera öffnet, genauso eingefangen, wie du zu diesem Zeitpunkt und in diesem Augenblick bist; du könntest kein bisschen anders sein, als du warst, als der Film dein Bild eingefangen hat. Du magst vielleicht denken, du hättest anders sein können, doch in Wirklichkeit ist dieser Augenblick bereits vergangen und daran ist nichts zu ändern. Deshalb konnte es nur so ablaufen, wie es geschah, und du konntest nur so sein, wie du warst. In deiner Phantasie kannst du viele alternative Möglichkeiten konstruieren, wie du warst, als sich der Verschluss der Kamera öffnete und wieder schloss, doch in Wirklichkeit hast du nur so sein können, wie du warst. Die meisten von uns erkennen nicht, dass sich unser Leben aus einer Aufeinanderfolge von Augenblicken zusammensetzt, die nicht anders hätten sein können, als sie waren.

Wir legen dir damit nahe, dass du nicht anders sein kannst, als du in jedem beliebigen Augenblick bist, und dass alles, was jemals in deinem Leben passiert ist, nur auf die Weise passieren konnte, weil es so war. Wenn du dieses Prinzip wahrhaft erkennst, wird es dich von einem Leben des Bedauerns und Sichschuldigfühlens befreien.

3. Alles, was du genauso sein lässt, wie es ist, ohne dass du versuchst, es zu verändern oder zu verbessern, wird sich selbst vollenden. Das bedeutet, dass das bloße Sehen einer unerwünschten

Verhaltensweise ausreicht, um deren Auflösung zu erleichtern. Dieses Prinzip mag etwas schwieriger als die beiden anderen zu begreifen sein. Die Vorstellung, lediglich etwas zu sehen, anstatt etwas an dem zu tun, was man sieht, erscheint falsch oder unvollständig oder so, als würde man nichts damit erreichen können. Kehren wir aber noch einmal für einen Moment zu der Analogie des Konferenzraumes zurück. Nehmen wir wieder an, dass du einen Raum voller Tische und Stühle durchqueren möchtest. Wenn es dunkel ist, wirst du mit Sicherheit gegen die Hindernisse stoßen. Mit Licht kannst du den Raum auf eine natürliche Weise durchqueren.

Wenn du jeden Tag bei dir zu Hause durch dein Wohnzimmer gehst, brauchst du dich nicht daran zu erinnern, nicht über das Sofa zu stolpern. Dies ist in deiner Bewusstheit enthalten und deine Handlungen kalkulieren ein, dass dieses Möbelstück Raum einnimmt. Du bemühst dich nicht darum, den Raum derart zu durchqueren, dass du eine Kollision mit den Möbeln vermeidest. Es geschieht natürlich und ist unmittelbar in deine Art zu sein integriert. Die Stühle oder das Sofa werden zum Hintergrund anstatt zum Brennpunkt deiner Aufmerksamkeit. So verhält es sich auch mit deinen mechanischen Verhaltensweisen. Wenn du feststellst, dass du sie hast, ohne dich gegen das zu wehren, was du siehst, dann werden sie die Macht über dein Leben verlieren.

Hier ein weiteres praktisches Beispiel, das alle drei Prinzipien demonstriert: Wir beide besuchten einmal ein mexikanisches Restaurant im New Yorker Stadtteil Greenwich Village. Das Restaurant war klein und intim und lag in der Nähe eines lokalen Krankenhauses. Nachdem die Kellnerin uns Plätze angewiesen und wir bestellt hatten, bemerkten wir, dass zwei Tische weiter eine Gruppe junger Ärzte beim Essen saßen. Aus dem Hauptgesprächspunkt ihrer Unterhaltung entnahmen wir, dass sie alle erst seit ziemlich kurzer Zeit hier Ärzte im Praktikum waren. Ein Mann war besonders laut. Er erzählte davon, wo er zur Schule ging, sprach über den Oberarzt Dr. Cho, und während er fortfuhr, redete er immer lebhafter über die Frau mit Geschwüren und den Mann mit Nierensteinen, die er bei der morgendlichen Visite besucht hatte. Je mehr wir beide versuchten, uns von seinem störenden Monolog zu distanzieren, desto lauter und aufdringlicher wurde es. Bald schon schrumpfte unsere Weltsicht darauf zusammen, von unserem Widerstand gegen die Unterhaltung am Nachbartisch beherrscht zu werden. Schließlich kam unsere Bestellung, wir begannen zu essen und über die Pläne für diesen Tag zu plaudern. Als wir fast mit dem Essen fertig waren, wurde uns bewusst, dass nicht nur der Mann zu reden aufgehört hatte, sondern er und seine Kollegen unbemerkt von uns ihre Rechnung bezahlt und das Restaurant verlassen hatten.

Betrachten wir die Anekdote mittels der Prinzipien der Transformation: Als wir zuerst in das Restaurant kamen und die Erwartung auf ein ruhiges Essen hatten, wehrten wir uns entschieden gegen den Mann, der nicht nur mit den anderen Ärzten an seinem Tisch redete, sondern auch laut genug, um störend für andere Gäste zu sein. Wir wehrten uns nicht nur gegen die Lautstärke, sondern auch gegen den Inhalt dessen, was er zu sagen hatte. Indem wir nicht mit der Tatsache einverstanden waren, dass er ein Teil unseres Mittagsessens war und sich so verhielt, wie er es eben tat, beherrschte seine Gegenwart unser Erleben des Augenblicks. Dies war das erste Prinzip: Wogegen du dich wehrst, bleibt bestehen und wird stärker. Es schloss auch das zweite Prinzip ein: Zwei Dinge können nicht denselben Raum zur selben Zeit einnehmen. Als unsere Aufmerksamkeit auf ihn gerichtet war, nahm er unsere Gedanken völlig in Anspruch. An irgendeinem Punkt während unseres Essens kam dann das dritte Prinzip zur Geltung. Wir trafen nicht die Entscheidung, den lauten Mann zu ignorieren und uns auf Gesprächsthemen unserer eigenen Wahl zu konzentrieren. Wir versuchten nicht, Gedanken an Geschwüre und Nierensteine zu vermeiden. Dies wäre eine Form des Widerstands gegen den Augenblick gewesen, die uns dorthin zurückgeführt hätte, wo wir begannen. Wir richteten einfach unsere Aufmerksamkeit auf uns und unser Essen. Mit anderen Worten, wir versuchten nicht, die Situation oder unseren Ärger darüber zu verändern oder zu verbessern. Wir ließen die Situation und unsere Reaktion darauf genauso sein, wie sie war, ohne den Mann oder uns selbst zu beurteilen. Wir agierten oder drückten unseren Ärger auch nicht aus. Und die Situation löste sich von selbst auf. Als wir unsere Aufmerksamkeit von unseren Beanstandungen weglenkten, hatten die Ärzte ihre Rechnung bezahlt und das Restaurant unbemerkt verlassen. Wenn du etwas genauso sein lässt, wie es ist, dann lässt es dich in Ruhe.

WENN DU EINE WUNDERVOLLE BEZIEHUNG MÖCHTEST, DANN BEGINNE BEI DIR SELBST

Die meisten Menschen konzentrieren sich auf ihren Partner als Ursache für ihre Unzufriedenheit und Disharmonie. Bei einem transformativen Ansatz liegt die Verantwortung, wie deine Beziehung läuft, immer bei dir. Unsere Betrachtungsweise besteht darin, Bewusstheit auf dich und auf das zu lenken, was du tust oder unterlässt und dadurch die Beziehung unter Druck setzt oder belastet. Bitte beachte, dass Verantwortung nicht dasselbe ist, als wenn du sagst, dass Probleme deine „Schuld" sind. Verantwortung bedeutet die Bereitschaft anzuerkennen, dass das, was in deiner Beziehung geschieht, in deinem Umfeld geschieht; und dass es eine Art und Weise gibt, wie du bist oder vorgehst, die das hervorruft, was du – wie du sagst – eigentlich nicht magst.

Wenn wir mit Paaren arbeiten, gehen wir mit ihrer Beziehung nicht so um, als wäre es eine 50/50-Sache. Wenn wir mit einem der Partner sprechen, dann sprechen wir mit ihm/ihr so, als läge die Dynamik zu 100 Prozent in seiner/ihrer Verantwortung. Wenn wir den Fokus auf den anderen Partner verlegen, sprechen wir mit ihr/ihm so, als läge die Verantwortung für die Dynamik zu 100 Prozent bei ihr/ihm. Wir haben festgestellt, dass diese Methode uns befähigt zu sehen, wie Menschen Beziehungen herstellen. Selbst wenn du einen anderen Partner hättest, würden deine gewohnheitsmäßigen Beziehungsmuster höchstwahrscheinlich dieselbe Art von Szenario und von „Problemen" auslösen, die du in deiner augenblicklichen oder in früheren Beziehungen geschaffen hast.

In deiner Beziehung gibt es nicht die „gute" und die „böse" Person. Die Dynamik wird durch euch beide erzeugt. Wir stellen uns das oft wie einen Klettverschluss vor. Ein Klettverschluss besteht aus zwei Seiten, Haken und Flausch. Du brauchst beide, damit etwas zusammenhält. Wenn du keinen Flausch hast, dann werden die

Haken nicht haften bleiben. Und wenn du keine Haken hast, dann hat der Flausch nichts zum Einhaken.

Deine Beziehung zu dir selbst entscheidet über deine Beziehung zu deinem Partner

Wenn du den Wunsch hast, dass sich deine Beziehung nach der anfänglichen Verliebtheit weiterentwickelt und fördernd ist, ist es wichtig, zuerst einen Blick auf deine Beziehung zu dir selbst zu werfen. In unseren geheimsten Gedanken sind die meisten von uns sehr streng mit sich selbst. Wir sind unsere eigenen allerkritischsten Kritiker, haben vieles an uns auszusetzen und denken, dass wir unser Leben anders oder besser führen sollten. Eine alte Zeile von Groucho Marx lautet: „Ich würde keinem Club angehören wollen, der mich als Mitglied hätte." Dieser Ausspruch ist vor allem deshalb humorvoll, weil er so ehrlich ist und sich darin die Wahrheit für so viele widerspiegelt.

Negatives Denken über dich selbst hat einen direkten Einfluss auf deine Beziehung. Nehmen wir an, wenn du selbstkritisch und voller Vorurteile bist, hältst du dich für: minderwertig, schlecht, dumm, unfähig, naiv, dick, zu alt oder unattraktiv usw. Wenn dich dann jemand attraktiv findet, dann kann mit dieser Person allein durch die Tatsache, dass sie sich von dir mit all deinen „Fehlern" angezogen fühlt, etwas nicht stimmen. Es leuchtet ein, dass, wenn du dich selbst nicht magst, nach derselben Logik die Person, die dich attraktiv findet, auf irgendeine Weise unzulänglich ist oder zumindest einen schlechten Geschmack und mangelndes Urteilsvermögen hat.

Wenn du streng mit dir selbst bist, dann bist du auch streng gegenüber jedem, der mit dir eine Beziehung hat. Wenn du dich selbst in deinen Gedanken herabsetzt, wirst du assoziativ diese Art von Verbindung auch auf deinen Partner und eure Beziehung übertragen. Wenn du darauf aus bist, deine Unzulänglichkeiten zu verbessern, ist diese neue Person in deinem Leben früher oder später dazu bestimmt, dein nächstes „Renovierungsprojekt" zu werden. Du wirst damit anfangen zu versuchen, den anderen zu verändern und zu verbessern, ihn dahin zu bringen, sich auf die richtige Weise zu verhalten, ihn zu deiner Idealgestalt umzuformen – so ungefähr auf die gleiche Weise, wie du dich selbst umzuformen versuchst.

Wenn du eine respektvolle, freundliche
und liebevolle Beziehung aufbauen möchtest,
dann musst du damit beginnen,
zu dir selbst respektvoll, freundlich
und liebevoll zu sein.

Übungen: Die Basis für eine wundervolle Beziehung schaffen

Die folgenden Übungen bieten die Gelegenheit, damit anzufangen, dein Leben mittels eines anthropologischen/transformativen Bezugsrahmens zu erforschen. Wenn du Lust darauf hast, sie zu machen, dann schau, ob du dies tun kannst, ohne zu beurteilen, was du entdeckst. Wenn du einfach siehst, wie du bist, ohne dass du beurteilst, manipulierst oder das zu kitten versuchst, was du siehst, dann wird dies die Vollendung von unerwünschten Verhaltensweisen und Zuständen ermöglichen.

1. Finde Beispiele in deinem Leben, um die drei Prinzipien der Transformation zu veranschaulichen.
2. Achte darauf, wie du in deinen geheimsten Gedanken über dich selbst sprichst.
3. Achte darauf, wie oft du zustimmst oder anderer Meinung bist, während du einer anderen Person zuhörst.

3
DEINE BEZIEHUNGS-DNA ENTDECKEN

Gehe von dem Gedanken aus, dass du so, wie du etwas tust, alles tust. Dies wird dich dazu befähigen zu untersuchen, wie du Beziehungen herstellst – nicht nur in einer Liebesbeziehung, sondern auch zu dir selbst und allen anderen. Dies entschärft die geistige Disposition, die darauf bedacht ist, das zu reparieren, was „kaputt" ist, und führt dich auf den Weg, wundervolle Beziehungen in allen Bereichen deines Lebens zu haben.

Deine DNA ist einzigartig und in jeder Zelle deines Körpers enthalten. Auch die Art und Weise deiner Beziehung zum Leben und zu anderen ist einzigartig. Deine Vorgehensweise ist voraussagbar und wird sich daher immer wiederholen. Natürlich wird es Fälle geben, wo du nicht wie üblich reagierst, aber wenn du das Gesamtmuster deines Verhaltens betrachtest, wirst du diese voraussagbaren, immer wiederkehrenden Formen der Beziehung identifizieren können. Mit anderen Worten, in bestimmten Situationen mit bestimmten Personentypen reagierst du gewöhnlich auf dieselbe Weise.

Wenn du unseren anthropologischen/transformativen Ansatz anwendest und dir der Art und Weise bewusst wirst, wie du funktionierst, können Verhaltensweisen identifiziert werden, die bisher Beziehungen beeinträchtigt oder zerstört haben. Dann kommen die Prinzipien der Transformation wieder zur Geltung. Wenn dir klar wird, dass du Beziehungen nur so herstellen kannst, wie du es getan hast, bevor du dir deiner Verhaltensweisen bewusst wurdest (zweites Prinzip) und wenn du das, was du siehst, nicht beurteilst, dann werden sich diese gewohnheitsmäßigen Verhaltensweisen selbst vollenden (drittes Prinzip) und die Möglichkeit für wundervolle Beziehungen entstehen lassen. Wenn du dich gegen das wehrst, was du entdeckst, dann wird dies natürlich deine automatischen, reflexartigen Verhaltensweisen verstärken und weiter bestehen lassen (erstes Prinzip).

EGAL, WOHIN DU GEHST, DU BIST SCHON DA

Viele haben die Vorstellung, dass sich, wenn sie ihren Wohnort verändern, ihr Leben verändern wird, doch das ist nicht der Fall.

Hier ein Beispiel:

Jack* zog von Colorado nach New York, um einem Job ohne Perspektive, Schwierigkeiten mit seinen Kollegen und einer Beziehung, die zu nichts führte, zu entkommen. Innerhalb von fünf Monaten hatte er sich von den meisten Menschen entfremdet, die ihn bei seiner Ankunft unterstützt hatten, und daraufhin seinen neuen Arbeitsplatz aufgegeben. Die New Yorker Dating-Szene hielt Jack für brutal; alle waren völlig unfair und er brauchte eine Veränderung. Er brach seine Zelte ab und zog nach Texas. An seinem neuen Wohnort kam er aus dem Regen in die Traufe. Er fing mit einem neuen Geschäft an und geriet schnell in Konflikt mit dem Gesetz. Nach einer langen und kostspieligen Folge von Gerichtsverfahren versprach er, seine Methoden zu verändern, und die Behörden ließen ihn mit einem bloßen blauen Auge davonkommen. Jack zog weiter nach Kalifornien, wo er dieselbe Art von Geschäft mit einem weiteren zweifelhaften Partner anfing und sofort in ähnliche Schwierigkeiten sowohl mit Geschäftskollegen als auch mit den kalifornischen Staats- und Bundesbehörden geriet.

Obwohl Jack seinen Wohnort wechselte, schuf er im Grunde weiterhin dieselben Verhältnisse. Dasselbe Szenario kehrte immer wieder zurück, wohin er auch ging. Am Anfang mochten ihn die Menschen, scheuten keine Mühe, um ihn zu unterstützen, und

* Die in den Anekdoten und Beispielen verwendeten Namen sind im gesamten Buch zur Wahrung der Privatsphäre und Anonymität verändert worden.

waren stets enttäuscht, wenn sich sein wahres Gesicht zeigte. Auch wenn er neuen Menschen an diesen unterschiedlichen Orten begegnete, gelang es ihm irgendwie, immer wieder dasselbe Ergebnis hervorzubringen.

Natürlich ist Jacks Geschichte ein extremes Beispiel. Sie ist jedoch typisch dafür, wie persönliche Strukturen Menschen überallhin folgen, wohin sie auch gehen. Hast du jemals bemerkt, dass sich immer wieder eine ähnliche zwischenmenschliche Dynamik entwickelt? Das soll dir nicht nahelegen, dass du nicht umziehen oder einen neuen Freund finden solltest. Wir wollen damit nur sagen, dass die spannendste Reise diejenige der Selbstentdeckung ist. Wenn du dich selbst kennst und dazu in der Lage bist, die mechanischen Reaktionen auf dein Leben aufzulösen, dann wird die Hauptperson, zu der du eine Beziehung hast, nämlich du selbst, ein hervorragender Begleiter sein.

TRANSFORMATION LÖST DEN WIEDERHOLUNGSCHARAKTER DES LEBENS AUF

Ein Teilnehmer an einem unserer Winter-Retreats war ein Opfer von ehelicher Misshandlung; er war geschlagen und gebissen worden. Selbst das Haustier war von körperlicher Schädigung bedroht gewesen. Jims Frau Rita neigte zu Misshandlungen. Sie bekam regelmäßig einen Wutanfall und hatte einmal sogar einen Autofahrer tätlich angegriffen, der ihrer Meinung nach zu offensiv gefahren war.

Schließlich fand Jim den Mut, seine Ehe aufzulösen. Rita würde sich nicht verändern. Sie war nicht dazu bereit, Verantwortung für ihre Wut und wie sie diese ausdrückte zu übernehmen.

Jim ging daher eine neue Beziehung ein. Sie fing gut an, doch kurz darauf stellte er fest, dass er keineswegs glücklicher war. Seine neue Partnerin misshandelte ihn zwar nicht körperlich, aber die Kommunikation zwischen ihnen brach ab und es kam selten zu körperlicher Intimität. Bald darauf entdeckte Jim, dass seine Partnerin Affären hatte.

Das Leben ging weiter, und schließlich traf Jim die Frau und verliebte sich in sie, mit der er jetzt verheiratet ist. Obwohl die Ehe von Jim und seiner Frau Dahlia glücklich ist, und dies seit Jahren, war am Anfang die Saat für Disharmonie vorhanden.

In den frühen Phasen aller drei Beziehungen war Jim angeregt, aufmerksam und liebevoll. Im Laufe der Wochen und Monate kam sein gewohnheitsmäßiges Beziehungsverhalten zum Vorschein; er wurde besessen von seiner Arbeit, gestresst, weniger kommunikativ und jede seiner Partnerinnen fühlte sich vernachlässigt. Der Groll nahm zu, die Intimität hörte auf und Jim und seine Partnerin pflegten miteinander zu streiten.

Weil wir während aller drei Beziehungen an Jims Leben teilhatten, konnten wir sehen, dass er sich gegenüber allen drei Partnerinnen auf ähnliche Weise verhielt. Jede dieser drei Personen reagierte jedoch auf die Belastungen durch sein mechanisches Beziehungsverhalten mit eigenen mechanischen Verhaltensweisen.

Seine erste Frau neigte zu Gewalttätigkeit und seine Art versetzte sie in Rage. Seine zweite Partnerin war auf stillere Weise aggressiv und die Art ihrer Beziehung führte zu Fremdgehen. Dahlia war anders veranlagt. Wenn sie verstimmt war, wurde sie üblicherweise ruhig, anhänglich, unsicher und depressiv. Sie wollte jeden Abend zu Hause bleiben und war unwillig über die Zeit, die Jim anderen widmete, sogar seinen Kunden.

Jim und Dahlia schafften es folgendermaßen, aus einer normalen, ziemlich unglücklichen Beziehung eine wirklich großartige Beziehung zu machen:

Als Erstes erkannte jeder von ihnen, dass sie, wenn sie verstimmt waren, Verhaltensweisen entwickelten, die nicht förderlich dafür waren, eine wundervolle Beziehung herzustellen. Bei unserem Coaching sprach Dahlia laut aus, was sie störte, und Jim hörte tatsächlich zu, ohne sich zu verteidigen. Er urteilte nicht darüber, wie er war, und interessanterweise tat auch Dahlia das nicht. Sie wollte nur, dass er ihr zuhörte und wusste, wie sie sich fühlte. Sie wollte *ihn,* den Mann, in den sie sich verliebt hatte, und nicht den arbeitsbesessenen Menschen, zu dem er geworden war.

Tatsächlich sehnten sich alle drei Partnerinnen von Jim nach seiner Aufmerksamkeit und sie alle hatten verschiedene Methoden, um ihr Missfallen zum Ausdruck zu bringen. Wir behaupten nicht, dass Jim die Gewalttätigkeit, die Affären oder die Depressionen seiner Partnerinnen *verursachte.* Wir sagen vielmehr, dass deine unbetrachteten Verhaltensmuster sich mit den mechanischen Abläufen bei deinem Partner verbinden und Zwietracht säen werden.

Solltest du in einer Beziehung bleiben, die gewalttätig ist, zum Beispiel weil du unerledigte Dinge bei deinem Partner hervorgerufen hast? Natürlich nicht. Uns geht es darum, dass sich dein Partner nicht in einem Vakuum schlecht verhält. Wie wir bereits sagten, gibt es in einer Beziehung nicht einen Guten und einen Bösen. Als Jim sich seiner mechanischen Methoden bewusst wurde, wie er sich von seinen Partnerinnen sowohl emotional als auch physisch distanzierte, konnten er und Dahlia endlich die Leidenschaft, die sie füreinander und für das Leben hatten, ausdrücken und demgemäß leben.

ERMITTLE DEINE 6 PROZENT

Nachdem du nun eine grundlegende Einführung in Transformation, Bewusstheit und unseren anthropologischen Ansatz für Beziehung gelesen hast, laden wir dich zu einem unserer New Yorker Montagabende ein, aus Ariels Sicht niedergeschrieben. Komm mit uns und tauche ein in Transformation und Beziehung aus unserer Perspektive. In unseren Seminaren haben Menschen persönliches Wohlbefinden entdeckt und ihre Beziehungsfähigkeit transformiert. Komm mit uns, wenn wir einigen wunderbaren Menschen begegnen, und erlebe die natürliche Entfaltung, die wahre Transformation kennzeichnet.

Das Treffen am Montagabend begann wirklich zu brodeln. Als ich umherschaute, um die Gesichter zu streifen und zu überblicken, was passierte, lächelte ich mir selbst zu. Es war kaum zu glauben, dass Shya und ich erst vor einer Stunde draußen gestanden und die milde Luft eines Spätsommerabends genossen hatten. Am Horizont war der Himmel zu jenem wirklich dunklen Indigoblau verblasst, das ich immer schon seit meiner Kindheit geliebt habe. Manchmal überrascht es mich noch, dass die Schönheit eines Nachthimmels sogar zwischen Manhattans Hochhäusern mein Herz ergreifen und ihm einen leichten Ruck geben kann.

Bald nachdem Shya und ich den Himmel bewundert hatten, betraten wir das Gebäude und gingen in den Vortragssaal, den wir für diese wöchentlichen Seminare gemietet hatten. Als sich der Raum mit Teilnehmern zu füllen begann, spürte ich einen leichten Hauch an der linken Seite meines Halses, und als Reaktion lief mir eine Gänsehaut die linke Körperseite hinunter. Lächelnd drehte ich mich zu Shya, um ihm die Hand zu drücken, und bewunderte seinen neuen Haarschnitt.

An jenem Tag waren wir zu Michael, unserem Freund und Meisterfriseur, gegangen, weil es an der Zeit war, sich die Haare schneiden zu lassen. Als Shya auf dem Stuhl saß, umhüllt von einem großen Plastikumhang, der die abgeschnittenen Haare auffangen sollte, hatte Michael nachgehakt, was genau wir in unseren Workshops machen.

„Ist es wie das *EST-Training* oder wie das *Landmark Forum?*", fragte Michael, während er den obersten Haarschopf von Shya besonders sauber ausdünnte und fransig schnitt.

„Nein, es ist überhaupt nicht wie *EST* oder *Landmark.* Vermutlich könntest du einige Ähnlichkeiten erkennen, wenn du es durch ein System betrachten würdest, das auf *EST* beruhte; andererseits aber, wenn du es durch ein System betrachten würdest, das auf der Psychotherapie beruhte, würde es wie Psychotherapie aussehen, oder wenn dein Hintergrund auf Zen beruhte, würde es wie Zen aussehen."

„Einmal hat uns sogar jemand mit *Amway* verglichen", fügte ich schmunzelnd hinzu.

Michael schaute mich ungläubig an. „Aber *Amway* ist doch eine Firma, die Haushaltsprodukte verkauft. Wie kann jemand auch nur daran denken, das mit dem zu vergleichen, was ihr macht?" fragte er indigniert mit seinem klangvollen französischen Akzent.

„Nun, Michael, eigentlich ist dieser Vergleich gar nicht so abwegig", fuhr Shya fort, während er kurz in meine Richtung zurücklachte. *Ariel, du bist heute aber wirklich ein Schelm. Du hast ihn ganz verwirrt.* „Sieh mal, man kann sich nur auf etwas beziehen, was man kennt. Betrachten wir es einmal auf diese Weise. Du weißt alles, was du kennst, stimmt's?"

„Ja." Michael begann wieder die Haarspitzen auszudünnen und fransig zu schneiden.

„Du weißt aber nicht alles, was du nicht kennst. Wenn ich dir daher von unseren Transformationsseminaren erzähle, verläuft der natürliche Prozess so, dass dein Verstand versteht. Dein Verstand wird das, was ich sage, in einen Bezugsrahmen einfügen, den er schon kennt, und ist damit zufrieden. Er löscht einfach die feinen Nuancen dessen aus, was er nicht kennt, und integriert sie in das, was er für eine vernünftige Übertragung hält."

Shya sah einen Augenblick lang nachdenklich aus, bevor er weitersprach: „Mein Vater sang mir gerne Kinderlieder vor. Ich bin am Meer in Far Rockaway im Staate New York aufgewachsen und liebte es, wenn er mich an der Hand mit hinunter an den Strand nahm. Als ich etwa fünf Jahre alt war, beobachtete ich an heißen Sommertagen gern die Leute im Meer, und mein Vater sang: ‚My body lies over the ocean. My body lies over the sea. My body lies over the ocean. Oh, bring back my body to me.' Es war eines meiner Lieblingslieder."

Michael begann zu kichern, während er nach seinem Elektrorasierer griff, um Shyas Hals hinten von ein paar feinen Härchen zu säubern.

„Einige Jahre später entdeckte ich, dass die wirklichen Verse ‚My Bonnie lies over the ocean' hießen, doch als kleiner Junge gehörte ein ‚Bonnie' noch nicht zu meinem Wortschatz. Was Ariel und ich machen, ist seinem Charakter nach etwas ganz Eigenes. Würde unsere Arbeit auf irgendetwas beruhen, so wäre es dies, dich nicht dafür zu bestrafen, was du bist, und dich nicht verändern oder verbessern zu müssen in dem Versuch, irgendeinem Idealbild zu entsprechen, das dir beigebracht wurde im Hinblick darauf, wie du vermeintlich sein solltest. Wir haben entdeckt, dass sich, wenn jemand ganz in den gegenwärtigen Augenblick gelangt, sein Leben verändert – unmittelbar."

„Bereitet ihr euch auf eure Gruppen vor?"

„Es gibt bestimmte Workshops, wie unsere Firmenkurse, die wir ungefähr festlegen. Allerdings lassen wir Raum, um von den Teilnehmern selbst inspiriert zu werden. Wenn wir nicht in Betracht zögen, was käme, wäre das wie der Plan, einen Kuchen zu backen, ohne zu wissen, welche Zutaten an die Küche geliefert würden."

Später an jenem Abend, als Shya mir ins Ohr flüsterte: „Sieht so aus, als würde unser Kuchen eintreffen, Ariel", machte es mir Spaß, die „Zutaten" zu betrachten, die auftauchten.

Als ich sah, wie Freunde, Bekannte und neue Gesichter um die Ecke bogen und die Halle betraten, lachte ich stillvergnügt in mich hinein bei der Vorstellung, dass wir alle den Raum an diesem Abend betraten, so als wäre es der Backofen, und wir wären alle gebacken, wenn wir wieder herauskämen, doch keiner von uns wüsste, was auf der Speisekarte stand.

Es war ungefähr halb acht und Zeit anzufangen. Shya und ich nahmen unsere Plätze auf den hohen Regisseurstühlen ein, von wo aus man leichter sehen und von allen gesehen werden konnte. Eine erwartungsvolle Stille senkte sich über den Raum.

„Guten Abend. Für diejenigen von euch, die wir noch nicht kennengelernt haben: Ich bin Ariel."

„Und ich bin Shya. Willkommen zu unserem Abend der Unmittelbaren Transformation. Heute Abend ist es möglich, die Tür zum Leben im Augenblick zu öffnen und zu entdecken, wie man ein wirklich befriedigendes Leben haben kann. Der heutige Abend ist dazu bestimmt, euch jene mechanischen Verhaltensweisen entdecken und auflösen zu lassen, die euch Spontaneität, Freude, Kreativität und Beziehungsfähigkeit rauben. Das Thema heute Abend ist Unmittelbare Transformation. Ariel und ich haben entdeckt, dass sich, wenn ihr ganz in den gegenwärtigen Augenblick gelangt, euer Leben transformiert. Und mit Transformation meinen wir einen Quantensprung in allen Aspekten eures Lebens – einen Richtungswechsel, bei dem ihr zu einem Gefühl des Wohlbefindens zurückgeführt werdet und effektiv und angemessen auf eure Umgebung reagieren könnt. Durch den einfachen Vorgang von Bewusstheit, ein Beobachten ohne zu beurteilen, was ihr bei euch selbst oder anderen seht, ist es möglich, die Barrieren zu Glück, Erfüllung und Zufriedenheit zum Schmelzen zu bringen."

Viele Leute begannen bei Shyas Worten zustimmend mit dem Kopf zu nicken. Seine Beschreibung stimmte mit ihrer Erfahrung von Transformation überein. Ich bemerkte auch eine Anzahl von neuen Leuten, die jenen angestrengten Gesichtsausdruck bekamen, der sich einzustellen scheint, wenn der Verstand ein besonders schwieriges Problem einzuordnen hat. Ich konnte eine Verbindung zu der Desorientiertheit spüren, die ich auf vielen Gesichtern las. Ich stelle mir vor, dass ich ähnlich aussah, als ich anfing, mit einem Computer zu arbeiten.

Als ich an jenem stürmischen Novembermorgen vor dem Macintosh-Bildschirm gesessen hatte, fühlte ich mich so unfähig. Da waren Wörter, von denen ich dachte, dass ich sie kannte. Sie waren vermeintlich in der englischen Sprache, ergaben allerdings nur begrenzten Sinn. Ich fand das Handbuch, mit seiner neuen Verwendung von altvertrauten Wörtern, entmutigend. „Nehmen Sie die Maus und ziehen Sie diese über das Mauspad, um den Cursor auf Ihrem Bildschirm zu bewegen", hatte darin gestanden. Die einzige Maus, die ich kannte, war die kleine graue und weiße Sorte mit den zitternden Barthaaren aus meiner Kindheit, und jeder Cursor (Anm. d. Übs.: englisch „cursor" = jemand, der flucht) auf einem Bildschirm sollte zweifellos kritisch beurteilt werden. Und selbst als ich die Begriffe und den neuen Gebrauch für diese Wörter verstand, ließen meine Mausklick-Fähigkeiten anfangs eine Menge zu wünschen übrig. Heute fällt es mir schwer, mich daran zu erinnern, wie es ist, keinen Computer zu benutzen, doch am Anfang musste ich es mir zu eigen machen, etwas Neues zu lernen.

Als ich daher in die Gesichter derjenigen vor uns blickte, empfand ich Mitgefühl für den Prozess, vertraute Worte wiederzuentdecken, die in einem neuen Kontext benutzt wurden.

„Ihr könnt tatsächlich auch Dinge tun, die euch davon abhalten, im Augenblick zu sein", fuhr Shya fort.

„Und wir werden euch sagen, welche das sind, damit ihr sie tun könnt, wenn ihr das Phänomen der Unmittelbaren Transformation vermeiden möchtet", sagte ich abschließend und lächelte. Die Leute bewegten sich auf ihren Stühlen und lachten zustimmend.

In der vordersten Reihe sah Shya ein ernstes Gesicht, das ihm zugewandt war. Eine attraktive Afroamerikanerin Mitte dreißig saß dort mit gezücktem Stift in der Absicht, sich die wichtigsten Punkte aufzuschreiben.

„Hallo, wie heißt du?"

Die Frau blickte prüfend hinter sich, um sich zu vergewissern, dass er sie angesprochen hatte. „Vanessa".

„Hallo, Vanessa. Es ist schön zu sehen, dass du offensichtlich hier bist in der Absicht, diesen Abend möglichst gut zu nutzen."

Vanessas Schultern entspannten sich leicht.

„Darf ich dir einen Vorschlag machen?"

Sie nickte. „Wir empfehlen, dass du dir keine Notizen machst."

Vanessa zeigte ein strahlendes Lächeln und senkte ihren Stift.

„Weißt du, wenn du dir Notizen machst, wird dich das von hier wegbringen. Du wirst Daten oder Informationen sammeln, um sie später auf dein Leben anzuwenden und das zu kitten, was damit deiner Ansicht nach in der Vergangenheit nicht in Ordnung gewesen ist. Du kannst nicht an dir selbst arbeiten, um dein Leben zu transformieren. Denke daran, wir haben gesagt, dass es ausreicht, nur in den gegenwärtigen Augenblick zu gelangen. Damit du dir Notizen machen kannst, musst du das, was gesagt wird, zu einer später verständlichen Form abkürzen, umformen und niederschreiben. Was aber heute Abend hier von Nutzen ist, das ist nicht leicht zu verstehen.

Du kannst zum Beispiel verstehen, was bewirkt, dass ein Sonnenuntergang zu einem leuchtenden Rot wird, doch Verstehen ist nicht dasselbe wie die Intensität der Erfahrung. Vielleicht kannst du einfach bloß präsent sein, dich entspannen und sehen, was passiert. Wenn du präsent wirst, dann brauchst du vom heutigen Abend keine Hinweise oder Richtlinien mitzunehmen.

Sieh, Vanessa, das bringt uns zur zweiten Sache, die Menschen daran hindert, im Augenblick zu leben: ihre inneren Programme. Die Vorstellungen und Ziele, das, was man will, schränkt die unendlichen Möglichkeiten, die das Leben zu bieten hat, stark ein, weil nur das registriert wird, was man zu brauchen glaubt, um glücklich zu sein, und so viele andere wertvolle und abwechslungsreiche Dinge herausgefiltert werden. Wenn jemand nach etwas strebt, beruht dies gewöhnlich auf der Vorstellung, dass das, was er jetzt hat, nicht ausreicht oder das, was er in der Vergangenheit tat, falsch ist. Es ist schon komisch, wir haben Leute erlebt, die zu unseren Gruppen kommen und begierig danach sind, einen Job zu finden, eine Beziehung einzugehen oder mehr Spaß in ihrem Leben zu haben, um nur ein paar dieser Vorsätze zu nennen, und sie meinen es so ernst mit diesen Zielen, dass sie den Augenblick verpassen. Und in diesem Augenblick mag vielleicht eine erreichbare, attraktive Person in ihrer Nähe sitzen, doch sie wird im Akt des Suchens übersehen. Andere haben buchstäblich den potenziellen Arbeitgeber, der neben ihnen saß, davon abgebracht, ihnen einen Job anzubieten, weil der betreffende Arbeitslose so damit beschäftigt war, Karriere zu machen, dass er die Person nicht beachtete, die Jobs anzubieten hatte. Du wärest erstaunt über die Anzahl von Leuten, die es sogar ernst mit ihrer Suche nach Spaß meinen. Sieh, ob du heute Abend einfach nur hier sein und das Bemühen loslassen kannst, weiterzukommen."

Vanessa nickte nachdenklich. Ich konnte erkennen, dass sie etwas zögerte, aber sie war dazu bereit, es auszuprobieren. Sie beugte sich nach unten und legte Stift und Block unter ihren Stuhl, damit sie nicht in Versuchung geführt würde und frei wäre, ganz da zu sein. Als sie sich wieder aufsetzte, schenkte uns Vanessa ein weiteres strahlendes und ansteckendes Lächeln. Ich wusste dieses Lächeln und auch die Tatsache zu schätzen, dass sie den Block, den Stift und auch ihre Idee, sich Notizen zu machen, wirklich losgelassen hatte. Sie nahm unseren Vorschlag auf und machte ihn zu ihrem eigenen. Bereits hier geschah Transformation. Vanessa mag zuerst gezögert haben, doch zu dem Zeitpunkt, als sie sich wieder aufsetzte, war sie wirklich ganz da.

Ich veränderte meinen Fokus, um den ganzen Raum einzubeziehen. „Wir empfehlen euch zuzuhören. Und damit meinen wir, dass ihr *wirklich* zuhört – nicht nur uns, sondern auch allem, was sonst irgendjemand zu sagen hat. Nehmt Anteil. Investiert euch selbst vollständig in eure Präsenz hier. Beobachtet, wohin euer Geist abschweifen will, so als wäre das, was in eurem Leben in diesem Augenblick geschieht, nicht wichtig. Achtet darauf, wenn ihr euch an einem Wort stoßt, um damit die Essenz dessen zu verpassen, was gesagt wird.

Die meisten Menschen sind der Meinung, dass sie zuhören, während das, was sie in Wirklichkeit tun, etwas völlig anderes ist. Tatsächlich stimmen sie häufig zu oder sind anderer Meinung. Wenn ihr zustimmt oder anderer Meinung seid, greift ihr das auf, was gesagt wird, und vergleicht es mit dem, was ihr wisst, mit dem Wissen, das ihr früher bereits angesammelt habt. Abhängig davon, was in eurer Wissensbank ist, werdet ihr euch selbst sagen: *Ja, das stimmt,* oder *Nein, damit stimme ich nicht überein.* Dies aber bringt euch aus dem Augenblick heraus. Natürlich werdet ihr im Laufe des Abends Dingen zustimmen oder nicht zustimmen. Das ist eine normale, automatische Funktion unseres Geistes. Macht euch also nicht schlecht oder bestraft euch nicht, wenn ihr seht, dass es passiert. Lenkt einfach eure Aufmerksamkeit, eure Bewusstheit auf das zurück, was gesagt wird, mehr braucht ihr nicht zu tun.

Da wir gerade von Vergleichen sprechen", fuhr ich ohne zu unterbrechen fort, „Vergleichen ist eine weitere Funktion, die euch von hier wegholt. Wie viele von euch haben schon jemals Bücher oder Artikel über Selbsthilfe gelesen, meditiert, an einem Kurs über persönliches Wachstum teilgenommen oder eine Therapie gemacht?" Fast jeder hob die Hand, und als ich mich umblickte, bemerkte ich einen Mann ziemlich weit vorn, der in sich zusammengesunken war und so aussah, als wäre er unter Zwang da. Dies hier war für ihn nur ein weiterer merkwürdiger Abend, zu dem ihn seine Freundin, die links neben ihm saß, mitgeschleppt hatte. Sie stieß ihn an, damit er seine Hand hob, weil sie ihn zu vielen verschiedenen Veranstaltungen mitgenommen hatte, aber er rührte sich nicht.

„Euer Geist vergleicht. Wir werden heute Abend Dinge sagen, die ähnlich wie Dinge klingen mögen, die ihr vorher schon gehört habt, weil ihr alle ein Handikap habt: Ihr seid intelligent. Und intelligenten Leuten, Leuten, die an sich selbst gearbeitet haben, fällt es am schwersten, Dinge auf neue Art zu hören. Im Zen gibt es den Ausdruck *Anfänger-Geist*. Seht, ob ihr heute Abend bereit dazu sein könnt, das loszulassen, was ihr wisst, und so hier zu sein, als wäre es das erste Mal.

Schauen wir mal, was euch sonst noch aus dem Augenblick herausholen wird", sagte ich, blickte Shya an und dann zu den dort Versammelten hin, weil mir im Moment die Puste ausgegangen war. Es gab eine Pause, während wir alle über die Frage nachdachten.

„Beweisen und Verteidigen", das Stichwort kam von einer bekannten Stimme von rechts. Shya und ich lächelten gleichzeitig Roger an. Seine Bemerkung kam aus einem reichen Erfahrungshintergrund mit uns und er war bereit, seine Erfahrung mit anderen zu teilen – selbst auf die Gefahr hin, dabei wie ein Dummkopf auszusehen. Roger hat leuchtend rote Haare, Sommersprossen, ein Grübchen am Kinn und ist einer unserer besten Freunde sowie auch unser Wirtschaftsprüfer und Vermögensverwalter.

„Sprich weiter und erkläre, was du mit Beweisen und Verteidigen meinst", sagte Shya und forderte ihn damit heraus, denn er kannte die Geschichte, die Roger gleich berichten würde. Wir waren unmittelbar berührt, weil unser Freund im Begriff stand, die Schwächen seiner Anfangszeit zu enthüllen – die weit weniger entwickelte Version von ihm vor mehr als 15 Jahren, als er noch neu im Geschäft war.

„Nun", begann Roger mit einem gutmütigen Grinsen, „wenn ihr hier seid, um etwas zu beweisen, beispielsweise wie schlau ihr seid, wie ihr es besser wisst als Ariel und Shya, dann lasst ihr euch entgehen, an diesem Abend hier zu sein. Ich bin in der Tat sehr vertraut damit, einen Standpunkt zu verteidigen oder zu wahren. Ich bin nämlich Ariels und Shyas Buchhalter …"

Als Roger nun damit begann, ohne sich zu schämen seine Geschichte zu erzählen, erschien der Vormittag, von dem er berichtete, vor meinem geistigen Auge. Wir trafen uns an diesem Tag mit Roger, weil Shya und ich beschlossen hatten, dass wir von nun an, wenn irgend möglich, kein Geld mehr ausgeben würden, bevor wir es tatsächlich verdient hatten. Die Leute bezahlten ihre Gebühren für unsere Gruppen oft im Voraus, und wir hatten es uns angewöhnt, das Geld auszugeben, wenn es hereinkam. Unsere Sorge war, dass wir, wenn sich aus irgendeinem Grund die Pläne von jemand änderten oder wir selbst aus irgendeinem unvorhergesehenen Grund eine Veranstaltung absagen mussten, das Geld nicht hätten, um es zurückzuzahlen. Wir wollten nicht die Leute manipulieren müssen, an unseren Gruppen teilzunehmen, weil sie schon ihr Geld dafür ausgegeben hatten. Shya und ich hatten die Idee, Zahlungen für Gruppen auf einem Konto zu hinterlegen und die Gelder erst dann an uns freizugeben, wenn wir sie tatsächlich verdient hatten.

Begeistert erzählten wir Roger von unserem Plan. Er verstand ihn nicht. Wir erklärten ihn noch einmal. Immer noch blickte er uns sprachlos an. Ich versuchte ihm das Konzept erneut mit sehr einfachen Worten zu erklären, ähnlich wie die Textaufgaben, die ich als Kind im Matheunterricht gehasst hatte. Ich wusste, dass es mit dieser Erklärung klappen würde. Ich war ganz aufgeregt.

„Gib nicht auf, Shya, lass mich ihm ein tolles Beispiel geben", sagte ich im Vertrauen darauf, dass dies zum Ziele führen würde. „Bist du bereit?" Roger nickte. „Joe bezahlt uns für einen Workshop, an dem er auf jeden Fall plant teilzunehmen. Wir geben das Geld aus.

Zwei Tage später wird Joes Mutter unerwartet krank, und er muss nach Kalifornien fliegen, um bei ihr zu sein. Er versäumt den Kurs. Wir möchten ihm seine Gebühren zurückerstatten, haben das Geld aber bereits ausgegeben. Hätten wir es uns genauer überlegt, dann hätten wir sein Geld für den Notfall auf die Seite gelegt, damit wir es ihm zurückerstatten könnten. Erst wenn Joe tatsächlich einen Kurs bei uns abgeschlossen hätte, würde das Geld, das er bezahlt hätte, uns gehören, denn erst dann hätten wir es uns verdient." Ich lehnte mich zurück und war ziemlich stolz auf mich. Die Morgensonne spiegelte sich in der Glasplatte des Tisches. Ich wartete darauf, dass sich Rogers Gesicht aufhellen würde, aber er starrte mich immer noch so an, als würde ich eine Fremdsprache sprechen.

Ich konnte meinen Augen nicht trauen. War dies der hochintelligente Mensch, den wir kannten und mochten? War dies der Mann, der Buchführung studiert, für eine große Wirtschaftskanzlei gearbeitet hatte und schließlich, nachdem er das strenge C.P.A.-Examen bestanden hatte, amtlich zugelassener Wirtschaftsprüfer geworden war?

Unvermittelt begann Shya zu lachen und sein Lachen verstärkte sich zu einem dröhnenden Gelächter. „Ich hab's, ich hab's. Endlich habe ich's herausgefunden", sagte er. Roger wirkte etwas beunruhigt, dass er etwas herausfinden könne, was ihm ein noch größeres Gefühl von Unfähigkeit vermitteln würde, aber gleichzeitig sah er erleichtert aus, weil wir inzwischen seit über einer Stunde versucht hatten, ihm dieses Konzept zu erklären. „Roger, sag mal, wie bezahlen wir dich?"

„Uh, per Scheck", entgegnete er verblüfft.

„Und bezahlen wir dich nach einem festen Stundensatz, pro Tag oder wie?"

„Oh, das ist einfach zu beantworten. Ich bekomme 6 Prozent von Ariels und deinem Bruttoeinkommen als Entgelt dafür, dass ich die Buchführung mache, die Steuern abführe, die Rechnungen bezahle, eure Workshops aufzeichne, Anzahlungen mache und so weiter."

Obwohl Roger Shyas Frage beantwortet hatte, war das kein Trost für ihn. Er wirkte immer noch wie erstarrt, aber ich begann den Witz an der Sache zu verstehen.

„Und sag mal, Roger", fuhr Shya fort, „wann zahlst du dir selbst deine 6 Prozent aus?"

„Ich bezahle mich, wenn das Geld hereinkommt."

„Klammerst du dich daran, es auf diese Weise zu tun, anstatt, sagen wir mal, dich selbst jedes Mal erst dann zu bezahlen, wenn wir eine Gruppe abschließen?"

Plötzlich klärten sich die Sturmwolken auf, die Rogers Sicht verdunkelt hatten, so als wären sie von einer steifen Brise verscheucht worden. Augenblicklich, nur dadurch, dass er sich dessen bewusst wurde, was er vor sich selbst versteckt hatte, wurde unser Freund wieder „schlau".

„Oh mein Gott, das habe ich nicht gemerkt. Ich wollte nicht auf meine 6 Prozent verzichten. Ich wollte nicht so lange warten müssen, um mein Geld zu bekommen, bis ihr jeden Kurs beendet habt; ich wollte es verwenden, wenn es hereinkam. Wow! Ich hing so daran, meine 6 Prozent sofort einzunehmen, dass es mir unmöglich war, euch anzuhören. Ich war total blockiert für den Sinn dessen, was ihr sagtet, weil es mein inneres Programm bedrohte."

„Dein verstecktes inneres Programm", half Shya nach, „du hattest dieses Programm sogar vor dir selbst versteckt."

„Da habt ihr völlig recht. Natürlich ist eure Idee vernünftig, Geld auf einem Konto zu hinterlegen."

An diesem Abend, als ich Roger einem Raum voller Freunde, Bekannten und Fremden so eloquent erklären sah, wie er seine 6 Prozent entdeckte, stellte ich fest, dass Rogers Art zu sein, sein ganzes Verhalten und Auftreten nicht bloß Zeichen seines reiferen Alters waren. Viele Leute altern, ohne die alten Verhaltensmuster loszulassen, die ein Überbleibsel aus ihrer Kindheit sind. Nein, Roger hatte sich wirklich transformiert. Ich war glücklich für ihn. Shya legte seinen Arm um mich und wir lehnten uns zurück, um den Rest von Rogers Geschichte zu hören.

Ich habe den jiddischen Ausdruck *„kvell"* gehört. Wenn ich an dieses Wort denke, dann stelle ich mir vor, dass es so viel bedeutet wie: tief in den Reichtum von etwas eintauchen und wirklich den Augenblick genießen. Während Roger sprach, „kvellten" Shya und ich. Wir wussten, dass Roger diesen Menschen die Schlüssel dafür in die Hand gab, selbst Hauptdarsteller zu sein und transformiert zu werden. Furchtlos erschuf Roger die Person, die er vor so langer Zeit gewesen war, auf eine solche Weise neu, dass sie in seiner Nacherzählung wieder real wurde. Als er zuließ, dass ein Raum voller Menschen mit ihm über seine 6 Prozent, seine Investition in sein verstecktes Programm, lachte, demonstrierte er die Möglichkeit, dass sie nicht über sich selbst urteilen mussten und dass es in der Tat sogar möglich war, ihre geringfügigen Investitionen, ihre eigenen 6 Prozent, nicht nur zu betrachten, sondern auch darüber zu lachen.

Durch Unmittelbare Transformation einfach nur ein Verhaltensmuster zur Kenntnis zu nehmen, es aber nicht zu beurteilen reicht aus, damit es seine Macht über dein Leben verliert. Wenn du dieses Buch weiterliest, ermutigen wir dich dazu, deine eigenen versteckten inneren Programme zu entdecken und, so wie Roger, zu sehen, ob du einen Sinn für Humor für das haben kannst, was du dabei vorfindest.

4
VERSTECKTE INNERE PROGRAMME ERKENNEN

Es gibt innere Programme, deren sich die Leute bewusst sind, und dann gibt es solche, die unbewusst ablaufen. Wie wir im Falle von Roger gesehen haben, rufen die letztgenannten den Schaden hervor, der sich in unserer Beziehungsfähigkeit zeigt.

In diesem Kapitel werden wir einige der typischen Grundformen von versteckten inneren Programmen aufdecken, die wir beide im Verlaufe unserer Arbeit mit Einzelpersonen, die nach einem Partner suchen, sowie auch mit Paaren, die sich die Mechanismen ihrer Beziehung anschauen, gesehen haben. Wir haben die Erfahrung gemacht, dass Menschen, wenn sie sehen, was sie mechanisch gemacht haben, und nicht über das urteilen, was sie sehen, dann die Wahl haben, ihre Handlungsweisen fortzusetzen oder nicht. Bewusstheit ermöglicht es, sich von der Dominanz alter Verhaltensweisen zu lösen. Das einfache Erkennen von unbewussten Mustern, ohne sich dagegen zu wehren, sondern sie als das zu sehen, was sie sind, wird dich von den mechanischen Beschränkungen dieser vorher unerkannten versteckten Programme befreien.

Bevor wir die verschiedenen Arten von inneren Programmen betrachten, welche die Beziehungsfähigkeit einer Person beeinträchtigen können, wollen wir die Mechanismen dieser Lebensstrategien untersuchen.

WIE INNERE PROGRAMME FUNKTIONIEREN

Menschen können nur das sehen, was sie bereits kennen. Wovon sie keine Kenntnis haben, existiert nicht. Der Verstand arbeitet ganz ähnlich wie ein Computerprogramm. Beide funktionieren durch Vergleich mit den Daten, die sich bereits im System befinden. Alles, was außerhalb des Programms auftaucht, ist daher nicht erkennbar.

Damals Ende der 80er-Jahre, als wir beide unseren ersten Computer kauften, legten wir auch unsere erste Datenbank an. Mit anderen Worten, wir kauften ein Programm, das wir dafür benutzen konnten, um über die Namen, Adressen und Telefonnummern von Leuten auf dem Laufenden zu sein, die auf unserer Mailingliste sein wollten. Das besondere System, das wir erwarben, übertrug alle eingegebenen Daten in eine vorgegebene Form. Zum Beispiel konnten wir die Wörter „ariel & shya kane" eintippen und unser Programm konvertierte das automatisch so, dass der erste Buchstabe jedes Wortes großgeschrieben wurde, damit es „Ariel & Shya Kane" hieß. Außerdem passten in den Bereich, in dem die Postleitzahl eingetragen wurde, nur fünf Ziffern hinein.

Das Problem war nun, dass diese Formel, wenn sie auch meistens zutraf, nicht immer funktionierte. Es gab Situationen, bei denen der Familienname der Person nicht großgeschrieben wurde, wie beispielsweise bei „den Ouden". Mehr als fünfstellige Postleitzahlen konnten nicht eingetragen werden und ausländische Postleitzahlen, die Buchstaben enthielten, wurden ebenfalls zurückgewiesen. Weil dies ein frühes Datenbank-Programm war und weniger hoch entwickelt als die heutigen, gab es keine Möglichkeit, sich über die automatisch vorgegebenen Felder hinwegzusetzen. Offensichtlich konnte sich der Betreffende, der das Programm schrieb, nicht alle Nutzungsmöglichkeiten für seine Schöpfung vorstellen. Er war auf das beschränkt, was er als möglich kannte und an was zu erschaffen er gedacht hatte. Daher berücksichtigte das Programm nicht, dass Nutzer europäische Kunden haben könnten, dass nicht alle Namen großgeschrieben werden und dass in Zukunft Postleitzahlen mehr als fünf Ziffern haben könnten.

Unsere eigenen inneren Programme arbeiten wie diese automatischen Felder. Sie wurden vorgegeben, als wir – als Einzelpersonen – weitaus weniger entwickelt waren, und sie laufen weiter, ohne aus dem Nutzen zu ziehen, was wir seit ihrer anfänglichen Installation gelernt haben. Wenn wir Bewusstheit in unsere automatischen Programme bringen, wirkt sich dies wie ein ergänzendes Software-Upgrade aus. Es ermöglicht dir, das beizubehalten, was funktioniert, und das umzuwandeln, was nicht funktioniert. Dies führt zu angemessenem Verhalten, anstatt wiederholt Fehler machen zu müssen, die zu korrigieren du machtlos bist.

EINEN KONTEXT SCHAFFEN, IN DEM NEUE MÖGLICHKEITEN ZU SEHEN SIND

Wenn du dir dessen nicht bewusst bist, dass etwas nicht existiert, kann es in Wirklichkeit trotzdem existieren, aber nicht in deiner Erfahrung. Zum Beispiel waren wir beide 1992 mit Max, Shyas 85-jährigem Vater, auf Hawaii. Wir wohnten in einem Apartmenthaus mit Blick auf den Ozean. Von unserem günstigen Aussichtspunkt aus konnten wir wandernde Buckelwale spritzen und aus dem Wasser springen sehen, aber Max sah sie nicht. Dann nahmen wir ihn mit hinaus auf eine Walbeobachtungstour, wo diese riesigen Geschöpfe ganz nahe an das Boot herankamen. Als wir in unser Apartment zurückkehrten, schaute er hinaus auf den Ozean, und plötzlich konnte er die Wale sehen. Jetzt wusste er, wonach er Ausschau halten musste. Wir hatten vor der Bootsfahrt auf sie gedeutet, aber er hatte sie nicht sehen können.

Es muss ein Kontext geschaffen werden, um etwas sehen zu können. Die Menschen prüfen das, was sie bereits kennen, und weisen nicht anders als unser früheres Datenbank-Programm das zurück, was sich nicht in ihrem vorgegebenen Wissensbereich befindet. Wenn sie daher nicht erkennen, dass es ein ganz anderes Paradigma gibt, eine ganz andere Realität, einen ganz anderen Kontext, in dem man sich bewegen kann, dann existiert das für sie nicht. Du könntest vielleicht denken: *Was ist denn falsch daran?* Die Antwort lautet: nichts. Was du kennst, schränkt jedoch das ein, was für dich möglich ist. Es gibt eine Redewendung: „Wenn du davon träumen kannst, dann kannst du es auch haben." Wenn du aber die Existenz von etwas nicht kennst, dann kannst du nicht einmal davon träumen. Frage dich selbst: *Was wäre, wenn es Dinge gibt, die ich nicht kenne, welche die Qualität meiner Beziehungen radikal verändern könnten?*

Einige der Beschränkungen in deiner Fähigkeit, eine spannende, lebendige Beziehung zu haben, sind deine unbewussten inneren Programme, Ziele oder Agenden. (Eine Agenda ist laut Wörterbuch eine Art Programm mit Punkten, die erledigt werden müssen.) Einerseits sind innere Programme und Ziele sehr nützlich. Sie ermöglichen es uns, sich auf solche Dinge zu konzentrieren, die vollendet werden müssen. Sie ermöglichen uns, einen geraden Kurs zu einem Bestimmungsort anzusteuern. Sie halten uns in der Spur, damit wir nicht abgelenkt werden, und lassen uns erkennen, ob wir das erreicht haben, was wir uns vorgenommen haben. Innere Programme können aber auch das begrenzen, was wir in der Lage sind zu sehen, indem sie unsere Interaktion mit anderen und mit unserem Umfeld einschränken. Das geschieht deshalb, weil wir zur Vollendung jenes Ziels getrieben und blind werden, wie Roger es wurde, bei unserem Versuch, das zu bekommen, was wir unserer Meinung nach wollen oder brauchen.

Nehmen wir als Beispiel ein Paar, das seine persönlichen Ansichten über die Erziehung seiner Kinder äußert. Man würde annehmen, dass diese Menschen, da sie sich darum bemühen, das Bestmögliche für ihre Familie zu erreichen, als Team zusammenarbeiten, um herauszufinden, was für ihre Kinder am besten ist. Jeder von beiden tritt jedoch mit einem festgelegten inneren Programm an. Die Atmosphäre ist häufig von Konkurrenz und Gegnerschaft bestimmt. Der Gesprächsausgang wird oftmals davon bestimmt, wessen Programm „gewonnen" und wessen „verloren" hat. Wenn die jedem Individuum zugrunde liegenden versteckten Absichten hinzukommen, nicht töricht zu erscheinen oder sich von einem Mann/einer Frau nicht sagen zu lassen, was man tun soll, dann sind überall auf dem Spielfeld Hindernisse für eine gut abgewogene Entscheidung verstreut. Es ist so, als wenn die versteckten inneren Programme jeder Person das Ergebnis vorschreiben. Selten einmal ist es harmonisch.

Eine andere Art von verstecktem innerem Programm besteht darin, wenn der eine oder der andere an einer Beziehung Beteiligte das Gefühl hat, er müsse ein „gleichberechtigtes" Mitspracherecht haben, oder die Art und Weise kontrollieren möchte, wie die Beziehung funktioniert. Also führt er eine Strichliste. Zum Beispiel könnte sich eine Frau sich selbst gegenüber beklagen: *Das letzte Mal, als wir ausgingen, hat er entschieden, in welchen Film wir gingen; daher sehen wir uns heute Abend besser den Film an, den ich sehen will, oder sonst setzt es was!* Nun, vielleicht ist es ihr nicht bewusst, dass sie Striche in ihrer Liste macht. Das innere Programm, die Kontrolle und das letzte Wort zu haben, macht die Striche. Sie hat einfach das Gefühl, dass sie jetzt an der Reihe ist zu sagen, in welchen Film sie gehen.

Wir haben eine Freundin, die mit dem Groll aufwuchs, dass ihre Eltern ihre Brüder zu bevorzugen schienen. Sie wuchs heran mit der Überzeugung, dass Männer eine besondere Behandlung erfuhren, und war darauf aus, nicht nur ihre Ebenbürtigkeit, sondern auch ihre Überlegenheit zu beweisen. Unsere Freundin erzählte uns, dass sie bei der Auswahl von Männern, mit denen sie sich verabredete, dem Vorsatz folgte, sich Männer auszusuchen, die „von ihrer Herkunft her weniger gebildet" waren, und ihre ganze Vorgehensweise war auf einem Feindbild aufgebaut. Wenn ihr Partner intelligenter als sie selbst zu sein schien, äußerte sich ihre Unsicherheit in der Regel darin, dass sie einen Streit vom Zaun brach. Ihre ganze Strategie für eine erfolgreiche Beziehung, bevor sie Bewusstheit in ihr Beziehungsverhalten brachte, bestand darin, einzuschüchtern und zu dominieren. Dies erlaubte nicht viel im Hinblick auf Intimität. Ihre Lebensentscheidungen wurden von ihrem unbewussten Widerstand dagegen beherrscht, wie ihre Eltern sich zu den Jungen kontra den Mädchen in ihrer Familie verhalten hatten.

Wenn du mittels eines unbewussten Programms vorgehst, hörst du nicht das, was gesagt wird. Wenn du eine Vorstellung oder einen Plan darüber hast, wie eine Sache laufen soll, siehst du die Relevanz dessen, was gesagt wird, nur wenn es zu deinem inneren Programm passt. Wahres Zuhören findet statt, wenn du den Standpunkt eines anderen vorsätzlich neu erschaffst. Wenn du mittels eines inneren Programms vorgehst, kannst du den Standpunkt eines anderen unmöglich erkennen. Du kannst ihn nur in Beziehung, in Übereinstimmung oder im Widerspruch, zu deinen Vorlieben sehen.

FALSCHE HOFFNUNG

Innere Programme machen dich häufig für die Wahrheit einer Situation blind, weil du, wie es bei Rogers 6 Prozent der Fall war, eine ausgeprägte Vorliebe dafür hast, dass sich das Leben auf die Weise zeigt, wie du es willst. Hier ein Beispiel:

Julies Mann sagte zu ihr: „Ich muss für eine Zeit lang meine eigene Wohnung haben. Es hat nichts persönlich mit dir oder den Kindern zu tun, aber ich muss allein sein und über mein Leben nachdenken. Ich liebe dich und möchte nicht mit jemand anderem zusammen sein, darum geht es nicht. Ich brauche bloß etwas Raum zum Atmen."

Obwohl ihr dies sehr schwerfiel, unterstützte Julie ihn bei seinem Umzug. Das soll nicht heißen, dass keine Konflikte ausbrachen, aber wenn man alles in Betracht zog, verlief es glatt. Das Paar ging zuerst relativ freundschaftlich mit der Sache um und war auch weiterhin sexuell intim. Es war schwer für Julie zu sehen, wie er seine neue Wohnung mietete und sie einrichtete, zusammen mit Zimmern für ihre Kinder, damit sie dort übernachten konnten. Die ganze Zeit hindurch beteuerte er jedoch, dass es nicht unbedingt von Dauer wäre. „Gib mir einfach Zeit", pflegte er zu sagen, „wenn du die ganze Zeit über aufgebracht bist, wirst du die Kinder gegen mich einnehmen."

Julie führte einen inneren Kampf, um im Gleichgewicht zu bleiben. In ihrem Herzen liebte sie ihn und träumte davon, dass die Dinge wieder so würden, wie sie gewesen waren, wie sie sich daran erinnerte, aus der ersten Zeit ihrer Beziehung. Und der Sex war umso intensiver, weil er nicht so häufig war und sie wirklich mit ihm zusammen sein wollte, wenn sie konnte.

Jedes Mal, wenn Julie zu einem Intermezzo in die Wohnung ihres entfremdeten Mannes ging, sah es immer mehr wie ein Zuhause aus. Zuerst die Teppiche, dann die Vorhänge, dann die kleinen Details, an denen er sich nicht beteiligen wollte, als sie gemeinsam ein Zuhause einrichteten. Eines Tages bemerkte Julie in seinem Bad Kondome in seinem Arzneischrank. Sie stellte ihn zur Rede. „Warum hast du Kondome? Wir brauchen sie mit Sicherheit nicht!" Julie wusste sehr genau, dass ihr Mann sich nach der Geburt ihres zweiten Kindes hatte sterilisieren lassen.

„Es ist nicht meine *Absicht,* Sex mit irgendjemand anderem zu haben. Ich habe Kondome *für den Fall,* dass irgendetwas passieren sollte. Du weißt, wie wichtig es heutzutage ist, sicheren Sex zu haben.

Ich plane ganz bestimmt nicht, mit jemand anderem zusammen zu sein. Warum kannst du mir nicht glauben?“

Julie wollte die Wahrheit der Situation nicht sehen. Sie wollte wirklich daran glauben, dass er ehrlich war. Ein anderes Wort für Julies inneres Programm, ihren Mann zurückhaben zu wollen, ist: Hoffnung. Sie hoffte verzweifelt, dass er wieder nach Hause kommen würde, und dies wirkte wie eine Droge, die ihre Sinne für die Realität der Situation abstumpfte.

Hast du nicht von Zeit zu Zeit Entscheidungen getroffen, über die du im Rückblick zu dir selbst sagtest: *Was habe ich mir dabei gedacht?* P.T. Barnum sagte einmal: „Einen ehrlichen Mann kann man nicht zum Narren halten.“ Nun, eine ehrliche Frau kann man auch nicht zum Narren halten. Julies nicht näher untersuchte Hoffnungen und Träume hinderten sie daran, ehrlich mit sich selbst über die Realität ihrer Situation zu sein.

DEINE UNABHÄNGIKEIT BEWEISEN

Drew ist ein gut aussehender Unternehmer, der sich mit Frauen verabredet und eine Beziehung sucht. Als kleines Kind jedoch definierte er sich selbst darüber, dass er „unabhängig“ war. Wenn seine Mutter, sein Vater oder Freunde einen Vorschlag machten oder eine Bitte äußerten, tat er gewöhnlich das Gegenteil. In mancher Hinsicht mag dieses Verhalten tatsächlich dazu beigetragen haben, seine Ausdauer zu stärken, Dinge geschafft zu bekommen. Drew überraschte seine Familie und seine Freunde damit, dass er angesichts von fürchterlich schlechten Chancen durchhielt, aber er kam nie auf den Gedanken, dass viele der Herausforderungen, mit denen er sich konfrontiert sah, sein eigenes Werk waren.

An einem Freitagabend hatte Drew eine Verabredung mit einer attraktiven Frau, an der er sehr interessiert war. Er sollte das Haus um sieben Uhr verlassen, um sie rechtzeitig zum Abendessen und einem Film abzuholen. Aber er begann erst um halb sieben damit, sich fertig zu machen, um fortzugehen. Das war nicht genug Zeit, um zu duschen, sich zu rasieren, sich anzuziehen und aus der Tür zu gehen, um rechtzeitig an ihrem Haus zu sein. Es ist nicht so, dass er den ganzen Tag über beschäftigt gewesen wäre. Stattdessen hat er herumgesessen und die Stunden vertrödelt, bis er so unter Zeitdruck war, dass er nur noch pünktlich sein konnte, wenn es keinerlei unerwartete Vorkommnisse gäbe, wie beispielsweise ein Telefonanruf, den er erledigen musste, oder viel Verkehr unterwegs. Ohne es selbst zu wissen, ist Drew derart in seinem eigenen inneren Programm gefangen, nicht gesagt zu bekommen, was er tun soll, dass er nicht einmal von sich selbst gesagt bekommen wollte, was er tun soll. Diese Dynamik wird gewöhnlich als „Verzögerungstaktik" bezeichnet. Er setzte den Termin fest, wehrte sich dann aber gegen die zeitliche Einschränkung, weil alles, was ihm sagt, wohin er gehen und was er tun soll, selbst seine eigene Zeitplanung, mit einem Bann belegt ist.

Wie viele Male verhalten wir uns als Individuen so wie Drew? Wir möchten eine wundervolle Beziehung haben, doch verblüffenderweise scheinen unsere Handlungen direkt dem entgegengesetzt zu sein, wovon wir behaupten, dass wir es möchten.

Wir wollen Drews Szenario noch etwas weiter ausspinnen. Es ist jetzt Viertel vor sieben, und Drew hetzt sich ab, um fortzukommen. Er duscht, schmeißt seine Kleider auf einen Haufen, rasiert sich hastig und durchwühlt seinen Kleiderschrank auf der Suche nach dem perfekten Outfit, verwirft dieses und jenes, bis er etwas zum Anziehen findet. Eine Spur der Verwüstung hinter sich lassend, hastet er nun zurück ins Bad, kämmt sich die Haare und greift automatisch nach seinem Parfum, das er reichlich versprüht. Da erstarrt Drew und hält inne. Er hat sich gerade daran erinnert, dass die Frau, die er treffen wird, stark allergisch gegen Parfums aller Art ist. Er steht jetzt unter Zeitdruck und muss eine Entscheidung treffen. *Schon gut,* denkt er, *wahrscheinlich wird es bis dahin, wenn ich dort ankomme, verflogen sein, ich kann mich nicht verspäten,* und er hastet aus der Tür.

Armer Drew! Seine Verabredung ist nun das Patentrezept für eine Katastrophe. Er mag diese Frau wirklich. Er nimmt auch Rücksicht auf sie, doch seine ihm selbst unbewusste Abneigung dagegen, gesagt zu bekommen, was er tun soll, hat Priorität vor seinem Ziel als Erwachsener, eine befriedigende Beziehung zu haben. Sein Widerstand dagegen, gesagt zu bekommen, was er tun soll, ist der zumeist unbemerkte Hintergrund, vor dem sich sein Leben abspielt. Indem er nach der Parfumflasche greift und trotzdem auch noch aus dem Haus stürmt, nachdem er seinen Fehler erkennt, agiert er seinen

Widerstand dagegen aus, sein Leben durch die Allergien dieses anderen Menschen einschränken zu lassen. Irgendwo ärgert es ihn, „gesagt“ zu bekommen, kein Parfum zu verwenden. Er ist daran gewöhnt, automatisch alles in Frage zu stellen, was in seine Rechte einzugreifen scheint.

Du könntest vielleicht denken, dass Drews Geschichte ein extremer Fall ist. Dem ist nicht so. Hier noch weitere alltägliche Beispiele:

Wir waren zu einem Essen eingeladen, bei dem einige der Gäste Vegetarier waren, doch der Gastgeber nicht. Er bereitete gebackene rote Paprikaschoten vor, von denen er einige mit Rindfleisch und die anderen mit gemischtem Gemüse füllte. Aus irgendeinem Grund war in dem fertigen vegetarischen Essen jedoch rein „zufällig“ rohes Hackfleisch. Als er sich diesen „Irrtum“ anschaute, erkannte unser Gastgeber, dass sich seine fehlende Übereinstimmung mit den Ernährungsvorlieben seiner Gäste unvermutet an dem fertigen Produkt erkennen ließ.

Eine Kellnerin erzählte uns, dass sie die Neigung hatte, Bestellungen zu vergessen oder Fehler zu machen, wenn sie mit der Essenswahl von Gästen nicht einverstanden war oder diese ihr nicht gefiel. Sie überraschte sich selbst bei der Feststellung, dass ihr inneres Programm, mit ihrem Essensgeschmack richtig zu liegen, ihr wichtiger war als guter Service, Zufriedenheit der Gäste und Trinkgelder.

Wir haben erlebt, wie ein Partner bei einem Paar sich gegen die Art und Weise wehrte, wie der andere Dinge tat, auch wenn dies die Beziehung zerstörte. Wir haben auch erlebt, wie Leute aus ihren Jobs gefeuert wurden, weil sie sich weigerten, sich daran zu halten, wie der Chef Sachen aufbewahrt oder präsentiert haben wollte, weil die Angestellten Dinge auf ihre eigene Art und Weise machen mussten, selbst wenn dies sie ihren Lebensunterhalt kostete.

DIE SCHRECKLICHEN ZWEI

Betrachten wir einmal einen beliebigen Zweijährigen. Die Ermahnung eines Elternteils, irgendetwas nicht anzufassen, ist gleichbedeutend mit dem Befehl, es anzufassen. Manchmal wird dieses Alter als die „schrecklichen Zwei“ bezeichnet, und zwar deshalb, weil Kinder in diesem Alter praktisch unkontrollierbar sind und die Neigung haben, das Gegenteil von allem zu tun, um das sie gebeten werden. „Nein!“ wird ein Kind mit Nachdruck erklären, wenn es auf die Straße zuläuft und der Elternteil, der sich der Gefahr bewusst ist, es davon abhalten muss. Haben wir nicht als Erwachsene erlebt, dass wir Verhaltensweisen haben, die auf Kriegsfuß mit dem zu stehen scheinen, was wir in unseren Beziehungen zu erreichen suchen? Hat die Stimme der Vernunft nicht geflüstert: *Ich mache mich jetzt besser zum Gehen fertig, wenn ich pünktlich sein will,* und die andere Stimme in unserem Kopf beschwatzt uns und quengelt: *Bloß noch fünf Minuten,* bis wir so unter Druck sind, dass wir es kaum noch pünktlich schaffen können? Dieses „Bloß noch fünf Minuten-Gespräch“ kann verdächtig ähnlich wie das klingen, das du mit deinen Eltern hattest, als sie versuchten, dich dazu zu bewegen, ins Bett zu gehen.

Drew hat zu analysieren versucht, warum er sich bei wichtigen Verabredungen oft verspätet. Er hat sich sogar vorgenommen, pünktlich zu sein. Wenn er damit konfrontiert ist, seine Begleiterin anzurufen, mit ihr zu sprechen und ihr die Möglichkeit zu geben, sagen zu können: „Mach dir keine Gedanken wegen des Parfums“, oder „Dusch dich und komm später“, oder „Wir sollten uns für einen anderen Tag verabreden“, hastet er daher aus dem Haus in der Hoffnung, dass alles in Ordnung ist, weiß jedoch, wenn er ganz ehrlich ist, dass er ein Problem mitbringt.

„Wie kann man das besser machen?“, könntest du fragen. Nun, dieses Muster auszubessern oder zu verändern wird zu noch unangemesseneren Handlungen führen. Vergiss nicht, Drews Vorsatz, pünktlich zu sein, als wäre dies die Quelle seiner Probleme, hat ihn blind für die Tatsache gemacht, dass Pünktlichkeit nicht immer die richtige oder die einzige Wahl ist. Wenn du dir andererseits deiner versteckten inneren Programme bewusst wirst, dann wirst du sie nicht mechanisch ausagieren müssen. Mit Bewusstheit wirst du frei, eine angemessene Wahl in deinem Leben zu treffen.

ERERBTE CHARAKTERZÜGE

Manche deiner „Programme“ können tatsächlich ererbte Charakterzüge sein. Als Individuen mögen wir annehmen, dass wir in unserem

Leben eine persönliche Wahl treffen, und sind uns überhaupt nicht dessen bewusst, dass wir in Wirklichkeit irgendein Familienskript ausführen, welches über unsere Abstammungslinien als Überlebensplan vererbt worden ist. Wir kennen jemand, der peruanische Paso-Pferde züchtet. Sie sind für ihre ruhige Gangart und Gutmütigkeit bekannt. Uns wurde gesagt, dass diese Charakterzüge durch Züchtung über Generationen verstärkt worden sind. Das trifft auch für Menschen zu. Deine Familie hat mit Hilfe von gewissen Verhaltensmustern zu überleben gelernt, die nützlich sind, aber nur dann, wenn du ihnen nicht zwangsläufig folgen oder gegen sie rebellieren musst.

Unsere Freunde Jed und Lena hatten ein Kind, Anna, ein hübsches, unschuldiges Baby, das heranwuchs, Eindrücke aufnahm und von seiner Umgebung lernte. Wir kennen ihre Eltern mehr als 15 Jahre und haben auch sie in dieser Zeit wachsen gesehen. Wir haben ihre Siege und ihre Misserfolge gesehen. Zu ihren Lebenserfahrungen gehörten Geburten in der Familie und der Tod geliebter Menschen. Lena hat einen besonderen Gesichtsausdruck, wenn sie aus der Fassung gerät und weint. Ihr Kinn zittert, ihre Unterlippe schiebt sich von selbst vor, und diese Wesenszüge machen aus ihrer Traurigkeit oder Erregung ein reizendes, Mitleid erweckendes Bild. Wenn Lena weint, ist man gezwungen, davon Kenntnis zu nehmen und mitfühlend und besorgt zu sein. Und ratet mal was? Am Tag ihrer Geburt hatte Anna, die ihre Mutter niemals hatte weinen sehen, eine Miniaturversion des zitternden Kinns und der vorgewölbten Lippe. Sie hat dieses Verhalten nicht von ihrer Mutter „gelernt". Es war ein vorgegebenes Überlebenswerkzeug, das sie in ihrem kindlichen genetischen Werkzeugkasten von Überlebenstechniken bereits mitgebracht hat.

WINZIGE TRÄNEN

Für ein Kleinkind ist Weinen eine Form der Mitteilung, doch bei einem Erwachsenen in einer Beziehung kann es eine lästige Angewohnheit sein, die Individuen in dem Versuch benutzen, Konflikten auszuweichen. Wir haben Männer und Frauen augenblicklich weinen sehen als eine Methode, um Mitgefühl zu gewinnen.

Es gab einmal eine Puppe mit dem Namen *Tiny Tears (Anm. d. Übs.: engl. „winzige Tränen")*. Sie war ein Lieblingsspielzeug von kleinen Mädchen, die sich darin übten, Mamas zu sein und das Baby zu trösten, wenn es weinte. Wir hatten eine junge Klientin, Tina, die immer weinte, wenn sie sich in die Enge getrieben sah. Bei der Arbeit stellte sich der Mechanismus des Weinens regelmäßig ein, wenn sie glaubte, Feedback von ihrem Chef zu bekommen. Mit ihrem Freund ein ernsthaftes Gespräch zu führen, ohne in Tränen auszubrechen, fiel ihr schwer. Ihr Weinen war ebenso mechanisch wie bei *Tiny Tears.* Wenn die Umstände ein wenig Druck ausübten, stiegen ihr Tränen in die Augen, ob sie wollte oder nicht. Und Tina hasste es zu weinen. Es war ihr bei der Arbeit und zu Hause peinlich. Es war immer wieder eine Sache der drei Prinzipien. Je mehr sie versuchte, das Weinen zu vermeiden, desto mehr wurde sie veranlasst zu weinen. Als Tina anfing, ihre Tränen zuzulassen, ohne sich dafür zu verurteilen, begannen die Tränen weniger automatisch zu fließen. Tina machte auch noch einen weiteren wichtigen Schritt. Sie gestand sich die Wahrheit ein, dass sie manchmal immer noch ein nützliches Werkzeug waren, um Mitgefühl zu erhaschen. Als kleines Kind war Weinen für sie eine List, die ihre Eltern davon abhielt, sie zu bestrafen. Es war schwer, zu jemandem streng zu sein, der sich bereits selbst so hart bestrafte. Einen Ausweg aus schwierigen Situationen durch Weinen zu finden war zu einer Lebenstaktik geworden. Das Problem bestand darin, dass diese Art von Beziehungsverhalten weder eine tragfähige Beziehung mit ihrem Freund förderte noch ihr dabei half, in ihrem Beruf vorwärtszukommen und ein Gefühl des Wohlbefindens in ihrem Leben zu haben. Mit Bewusstheit und dem Mut, sich die Wahrheit einzugestehen, war es mit den Tränen vorbei.

WAS IST LIEBE?

Becky und Jake waren ein Paar. Als sie heirateten, führte Becky eine von Jakes Familientraditionen fort und kochte jeden Freitagabend Hühnersuppe. Aber was sie auch versuchen mochte, immer pflegte Jake zu sagen: „Becky, deine Suppe ist sehr gut, aber nicht so gut wie die meiner Mutter."

Also kaufte Becky die besten Zutaten, änderte die Gewürze, versuchte es mit mehr Gemüse, doch stets hieß es: „Danke, dass du mir diese Suppe gekocht hast, aber wenn sie doch nur so gut wäre, wie meine Mutter sie immer gemacht hat."

An einem Freitagnachmittag ging Becky in den Keller, um die Wäsche aus der Waschmaschine zu nehmen und sie in den Trockner zu tun, als sie entdeckte, dass die Waschmaschine übergelaufen war und eine schaumige Wasserflut den Boden bedeckte. Als sie die Unordnung beseitigt hatte und wieder nach oben zurückgekehrt war, stellte sie fest, dass die Suppe angebrannt war.

Becky war außer sich, weil es zu spät war, ein anderes Huhn zu besorgen und noch einmal von vorn anzufangen. Sie deckte den Tisch und beschloss, die Suppe trotzdem zu servieren und das Beste zu hoffen. Als Jake nach Hause kam und sich zum Essen hinsetzte, stellte sie einen Teller vor ihm hin und ging in die Küche zurück, um Brot zu holen.

„Becky, komm mal her!" rief Jake. Etwas geduckt kehrte sie zurück, um sich zu rechtfertigen. „Becky, diese Suppe ... endlich, sie ist genauso wie die meiner Mutter!"

Wenn du nach einem liebevollen Partner suchst, wirst du vielleicht automatisch ein verstecktes inneres Programm haben, nach den Dingen Ausschau zu halten, die du als Kind erlebt und die du mit Liebe assoziiert hast, selbst wenn es sich nicht unbedingt um Dinge handelt, die du aus der Sicht eines Erwachsenen bei einem Partner haben wolltest.

Ähnlich wie bei der Analogie mit der Hühnersuppe wirst du dir vielleicht einen Partner mit den gleichen Eigenschaften auswählen, die du in deiner ersten Liebe, das heißt, in deiner Mutter oder deinem Vater gesehen hast. In diesem Fall wirst du nach einem Mann oder einer Frau für eine Beziehung suchen, der oder die in ihrem Wesen oder ihrer Verhaltensweise jene alten vertrauten Gewohnheiten verkörpert, selbst wenn diese etwas sind, das du als Erwachsener eigentlich nicht mehr bevorzugst.

Der Verstand eines Kindes unterscheidet nicht. Die Liebe eines Elternteils kann sich in Verbindung mit zusätzlichen Merkmalen zeigen, wie beispielsweise Ärger, Frustration usw. Ohne Bewusstheit kannst du unwissentlich eine Familientradition wiederholen, anstatt einen Partner auszuwählen, der wirklich zu dir passt. Wenn du in einer Familie aufgewachsen bist, in der es oft Auseinandersetzungen gab, wirst du nach einem Partner suchen, der sich mit dir streitet, weil das dein Schema für Liebe ist.

Mit Bewusstheit kannst du diejenigen Dinge aufdecken, die versteckt gewesen sind, und wenn du nicht deswegen über dich urteilst, dass du von Menschen mit „schlechten" Eigenschaften angezogen wirst, wird der Weg dafür frei sein, um mit deinem gegenwärtigen Partner oder einem neuen Partner eine Partnerschaft aufzubauen, die deine erwachsenen Wünsche an eine Beziehung befriedigt, anstatt deine kindliche Vorstellung von Liebe zu erfüllen.

Übungen: Versteckte innere Programme erkennen

1. Achte darauf, ob du dir, nachdem du dieses Kapitel gelesen hast, unabsichtlich das neue versteckte Programm verordnet hast, „programmlos" zu sein.
2. Achte darauf, wenn du mit deinem Partner redest, ob du dabei das innere Programm hast, mit deinem Standpunkt recht zu haben.

5

SAG MIR NICHT, WAS ICH TUN SOLL!

Eines der grundlegendsten Hemmnisse in einer Liebesbeziehung ist der Widerstand dagegen, gesagt zu bekommen, was man tun soll. Menschen haben Angst davor, von den Wünschen ihres Partners dominiert zu werden und auf irgendeine Weise gezwungen zu sein, sich auf Dinge einzulassen oder etwas zu tun, das sie eigentlich nicht wollen. Oberflächlich betrachtet, ist dies eine verständliche Sorge. Niemand möchte als „Fußabtreter" dienen und seine Unabhängigkeit verlieren. Den meisten Menschen kommt es jedoch nie in den Sinn, dass selbst der Widerstand gegen einfache Bitten ein grundlegendes Verhaltensmuster ist, das in früher Jugend seinen Anfang nahm. Hast du jemals beobachtet, wie ein ganz kleines Kind immer wieder einen Löffel oder etwas anderes von seinem Kinderhochsitz geworfen hat? Selbst wenn die Eltern sagen: „Tu das nicht", ist diese Handlung für das Kind wie ein sehr lustiges Spiel. Wenn das Kind laufen lernt, setzt es das Spiel dann damit fort, dass es in die entgegengesetzte Richtung von den Eltern läuft. „Komm hierher" zu sagen ist gleichbedeutend mit dem Befehl, irgendwo anders hinzulaufen.

Es zu vermeiden, gesagt zu bekommen, was man tun soll, ist etwas derart Normales, dass es die meisten von uns durch viele Lebensphasen weitgehend unbemerkt begleitet hat. Im nächsten Abschnitt, aus Ariels Sicht erzählt, berichtet sie von ihrer Erfahrung, als sie zuerst auf Shya aufmerksam wurde und wie seine Art zu sein so anders war, dass sie ihn deutlich von anderen unterschied. In dieser Geschichte kannst du sehen, wie mentale Abläufe uns von früher Jugend an begleiten und wie sie derart normal werden, dass sie transparent sind. Vielleicht wird dich dies in Zeiten zurückversetzen, in denen du die Grundlagen für deine Beziehungen errichtet hast, so wie du sie heute kennst.

DEIN AUTOMATISCHES „NEIN“

1980 machte ich meinen ersten Kurs in Persönlichem Wachstum. Es war wirklich spannend für mich, an diesem Workshop teilzunehmen. Ich schaute mir an, welche Beziehung ich zu meinen Eltern, meinen Schwestern und meinem Leben hatte. Ich schaute mir meine Ängste und meine Sehnsüchte, meine Karriere und mein Auftreten an. Ich stürzte mich wirklich auf alles, was ich einer Prüfung unterziehen konnte. Ich erinnere mich daran, dass wir einen Fragebogen ausfüllen mussten und eine der Fragen lautete: „Welchen Nutzen möchtest du aus diesem Seminar ziehen?“ Ich war überglücklich. Diese Frage war einfach. Ich wollte Arbeit als Schauspielerin bekommen, abnehmen, mich selbst besser leiden können, mein Liebesleben verbessern, damit aufhören, so viel Angst zu haben, meine Beziehung zu Mom und Dad in Ordnung bringen und noch etwa 110 weitere Dinge. Ich musste sogar ein zusätzliches Blatt Papier anfügen, um alle Punkte zu behandeln, die Arbeit erforderten.

Wie sich herausstellte, war diese Gruppe ein Auslöser für mich. In der Woche nach ihrem Abschluss ging ich zu drei Vorsprachen und schaffte es mit allen drei Rollen. Ich hatte eine Glückssträhne. Zu der Zeit aber, als ich das Abendseminar besuchte, in dem Shya in mein Leben trat, waren die Frische und das Gefühl von Freiheit bereits verblasst, und ich war ein alter Profi in diesem neuen System, das ich gerade erst kennengelernt hatte. Meine Aufregung über das Leben hatte sich bereits wieder abgeschwächt und ich hatte sie durch eine vernünftige Nachbildung von echter Begeisterung ersetzt.

„Es ist Zeit für Ankündigungen“, sagte Shya, unser neuer Seminarleiter, von vorne im Raum. Dies war der dritte Abend einer zehnteiligen Veranstaltungsreihe und das dritte Mal, dass wir einen neuen Gruppenleiter hatten. Ich wusste nicht, dass diese Kurse selten mehr als einen Leiter hatten, aber aus irgendeinem Grund waren wir bereits bei unserem dritten angelangt.

Ankündigungen! Wir alle wussten, was das bedeutete, und ich war bereit, es zu zeigen. Ich setzte mich aufrecht auf meinen Stuhl, und zusammen mit den etwa 200 anderen klatschte ich in die Hände, rief Bravo und stampfte mit den Füßen auf. Dies war der Augenblick, in dem andere Kurse, Projekte und Eintrittskarten angeboten wurden, um mit Freunden zu großen Gruppen an Orten wie dem New Yorker Beekman Theater zu gehen. Wir waren ganz begeistert.

„Oh, seid still, ich kenne euch nur zu gut, Leute“, sagte Shya, während er sich auf dem Stuhl vorne im Raum niederließ. „Ihr klatscht alle und macht Theater, aber ihr kauft keine Karten oder macht sonst irgendetwas. Ihr zieht nur eine Show ab.“

Als ich nach unten blickte, bemerkte ich, dass meine Hände mitten in der Bewegung des Klatschens erstarrt waren. Rasch ließ ich sie in meinen Schoß sinken und schaute wieder zu Shya hoch. Er saß ruhig da und wartete einfach. *Er ist der arroganteste Typ, den ich jemals gesehen habe,* dachte ich. *Wer glaubt er eigentlich zu sein?*

„Hört zu, wenn ihr Karten kaufen wollt, dann kauft Karten. Wenn nicht, dann nicht. Aber diesen ganzen Krach zu machen ist bloß beleidigend, wenn ihr es nicht wirklich ernst meint. Wenn ihr Karten kaufen wollt, dann macht das für euch und nicht, weil ich oder irgendjemand anders das gutheißt. Es wird Zeit, ehrlich damit zu sein, was ihr wollt.“

Die Wahrheit hallte durch den ganzen Raum. Sie war leise. Sie war nicht vehement. Aus einer mechanischen Selbstgefälligkeit aufgeschreckt, begann ich plötzlich wieder lebendig zu werden. Das Nächste, was ich wusste, war, dass meine Beine mich zu dem Kartentisch führten, wo ich fünf Karten kaufte. Ich wusste nicht, wem ich sie geben würde, doch ich wollte sie kaufen, weil ich es so wollte – nicht, weil es richtig war oder erwartet wurde. *Wer glaubt er eigentlich zu sein?* wurde ersetzt durch: *Wer ist dieser Mann?*

Etwa ein Jahr später, als ich hinter meinem Empfangsschalter in der Praxis von *Meltzer Chiropractic* saß, blickte ich auf und sah, wie Shya seinen eigenen Vordruck ausfüllte. Es war der Fragebogen für neue Patienten. Dies gab mir Zeit, ihn prüfend aus der Nähe zu betrachten. *Dieser Typ sieht ziemlich gut aus,* dachte ich, als ich seine kurzen bräunlichen Haare, seinen schlanken Körperbau musterte, und ich musste zugeben, dass die aufgerollten Ärmel seines Oberhemdes ein ansehnliches Paar Unterarme enthüllte. Und dann war da das Motorrad. Als Shya eintraf, trug er ein braunes Sportjackett mit Fischgrätenmuster, Hemd, Krawatte und Helm. Die Mischung aus Motorradfahrer- und Business-Look fand ich eindeutig reizvoll.

Als Shya nach dieser Erstkonsultation fortging, begann meine eigentliche Detektivarbeit. Als sich die Tür hinter ihm schloss, nahm ich meine Kaffeetasse und sein Formular und stellte eine kleine Nachforschung an. In Shyas besonderem Fall versorgte das Informationsblatt des neuen Patienten sowohl den Doktor als auch mich mit zweckdienlichen Fakten. Ich hatte die feste Absicht, den Fragebogen aus ganz anderen Motiven zu lesen, als Dr. Don dies beabsichtigt hatte. Ich wollte sehen, ob Shya ein guter Kandidat für Verabredungen war und überflog deshalb den Vordruck. *Hmmm … 41 Jahre alt. Okay, damit kann ich leben, aber was ist mit … Prima! Er ist Single … keine ansteckenden Krankheiten, Herzprobleme, usw. usw. Ausgezeichnet!*

Als es an den Teil auf der Rückseite des Vordrucks ging, wo es hieß: „Grund für Arztbesuch", stellte ich erfreut fest, dass Shya mit kräftiger, ausgeprägter Handschrift ausgefüllt hatte: „Zur Festigung der Muskeln und Minderung von Stress". *Oh prima, er ist nicht krank, er tut nur, was für ihn gut ist.*

Ich war froh darüber, dass Shyas Diagnose von ihm verlangte, für einige Wochen dreimal wöchentlich in die Praxis zu kommen, für die folgenden Wochen zweimal und so weiter. Bald wurde er montags, mittwochs und freitags einer der ersten Patienten, und schließlich kam er früh genug, um zu plaudern, gemeinsam Kaffee zu trinken und manchmal auch Muffins zu essen.

Ein bestimmter Freitagmorgen fing ganz normal an, doch es geschah etwas, das diesen Tag in meiner Erinnerung besonders hervorgehoben hat und davor bewahrte, in der verschwommenen Unterschiedslosigkeit vergangener Alltagsereignisse zu verblassen.

Die Außentür öffnete sich an einem sehr trüben Tag, es regnete in Strömen. Als ich Shya mit dem Türdrücker in die Praxis hereinließ, beobachtete ich, wie die dicken Tropfen ihm über das Gesicht und den khakifarbenen Regenmantel herunterrollten. Dieser Tag war bestimmt nicht der beste für Motorräder oder ihre Fahrer. Shya streifte seine nasse äußere Schicht ab und hielt die durchweichte

Papiertüte hoch, die unsere beiden Kaffees enthielt. Dies war zu einem Morgenritual geworden. Wenn er eintraf, war ich bereit für eine zweite Tasse und eine Pause. Ich hatte angefangen, mich auf seine Besuche zu freuen.

An diesem Morgen waren Shyas Gesicht und Hände besonders rosig von der Kälte, und er hielt den dampfenden Kaffeebecher in seinen gewölbten Händen, um etwas von der Wärme aufzusaugen. Dies half nicht, seine Nase oder seine Handrücken zu erwärmen, und daher berührte er mit seinen frostigen Fingern neckend mein Gesicht. Mit einem Schrei sprang ich zurück, ein paar Tropfen schwappten aus meiner Tasse über und auf den Schreibtisch. Ich nahm ein Papiertuch, um die verschüttete Flüssigkeit aufzuwischen, und sagte neckend: „Oh, geh doch fort, du. Sei bloß still; stell deinen Kaffee ab, nimm deine Patientenkarte und geh in Zimmer 3. Leg dich hin und warte auf den Doktor."

Nun passierte etwas Erstaunliches. Shya stellte seine Tasse auf den Schalter, und ohne ein weiteres Wort zu sagen, ergriff er seine Patientenkarte, wandte sich um und ging den Empfangsraum entlang, bog um die Ecke und bewegte sich aus meinem Gesichtsfeld, als er zu Zimmer 3 ging. Der Empfangsbereich wurde nun sehr still. Der Kaffee dampfte auf dem Schalter. Man konnte hören, wie der Regen gegen das Fenster niederprasselte, und die Gänsehaut auf meinem Arm hatte nichts mit dem Unwetter zu tun, das draußen toste, oder mit der Erinnerung an frostige Finger auf meinem Gesicht.

Nach ein paar Augenblicken warf ich das Papiertuch in den Abfallkorb, folgte Shya leise den Empfangsraum entlang und bog um die Ecke, so dass ich in Zimmer 3 hineinschauen konnte. Da war seine Patientenkarte, in die Türtasche aus Plexiglas hineingesteckt, und wartete auf den Doktor, damit dieser auf einen Blick erkennen konnte, wer ihn konsultierte, und sich den Behandlungsverlauf durchsehen konnte. Es war überraschend für mich, wie oft ich Patienten mit ihrer Karteikarte hinterherrennen und diese für sie in die Tür schieben musste, obwohl dies nach den ersten paar Besuchen zur Routine für sie hätte werden sollen. Und da war auch Shya, er lag mit dem Gesicht nach unten auf dem chiropraktischen Behandlungstisch, entspannte sich und wartete darauf, bis er bei Dr. Don an die Reihe kam.

Welch ein seltsames Gefühl! Vor diesem Augenblick hatte ich nicht erkannt, wie sehr Menschen selbst einfache Anweisungen ausschmücken oder sich dagegen wehren. Ich konnte mich an niemand erinnern, der jemals einfach nur das getan hatte, was ihm gesagt wurde.

Ich tat selten, was mir gesagt wurde, zumindest nicht genau das. Einmal, als ich in der fünften Klasse war, kam ich an einem strahlend sonnigen Frühlingstag aus der Pause wieder herein, nur um dort von einem längeren Leistungstest erwartet zu werden, den meine Lehrerin, Miss Tyler, sich ausgedacht hatte.

„Okay, Kinder", sagte sie, „Dies ist ein Mathe-Test. Es geht hauptsächlich um Textaufgaben ..."

Ich hasste sie. Es war unfair. Das Leben war unfair.

„Ihr werdet 60 Minuten Zeit haben, um den Test abzuschließen. Diese Prüfung wird sehr großes Gewicht für eure Gesamtnote haben. Es darf absolut nicht geredet werden. Jeder, der redet oder beim Schummeln erwischt wird, bekommt automatisch eine ‚Sechs'. Diejenigen von euch, die früh fertig sind, können nach draußen gehen."

Keine Chance. Meiner Meinung nach war es grausam von ihr, uns mit dem herrlichen Wetter draußen zu locken, weil jeder wusste, dass Textaufgaben der Fluch aller Mathe-Tests waren und wir uns nun in nur einer Stunde durch mehrere Seiten durchbeißen mussten.

Miss Tyler wandte sich der Tafel zu, nahm die Kreide und schrieb in ihrer schönsten Schreibschrift: „Achtet darauf, alle Anweisungen gründlich durchzulesen, bevor ihr anfangt. Ihr habt 60 Minuten Zeit." Dann, mit der Kreide in der Hand, wies sie auf jedes Wort und, so als wären wir Trottel, las sie diese auch laut vor, wobei sie das Wort *alle* unterstrich. Sie lächelte sogar, als sie sagte: „Noch irgendwelche Fragen?"

„Okay, Kinder", verkündete sie mit einem Blick auf die Uhr. „Nehmt eure Stifte, dreht eure Blätter um, lest die Anweisungen und fangt an."

Geschwind schlug ich den Text um und fing an. Zuerst die Anweisungen: „Achte darauf, deutlich und leserlich zu schreiben" ... Blablabla. Rasch überflog ich die Seiten, um zu sehen, ob ich eine Strategie finden könnte, das Ganze mit einem Minimum an Fehlern zu beenden, um dann noch Zeit zu haben, nach draußen zu gehen.

Wie um mich zu foppen kam ein leichter Windstoß und brachte alle duftenden Verheißungen des Frühlings mit sich. Ich bekräftigte meinen Vorsatz, setzte mich aufrecht hin, stürzte mich in den Stapel von Fragen und begann bei Nummer 1.

Ich bearbeitete gerade fleißig die fünfte Aufgabe, als Anita, die Klassenbeste, ihren Stift hinlegte, die Testunterlagen zusammenraffte, sie Miss Tyler aushändigte und nach draußen ging. Ich konnte es nicht fassen. Als Nächster stand John auf, er sah etwas überheblich aus, gab seinen Test ab und ging spielen. Nach und nach beendete ein Schüler nach dem anderen seinen Test. Meine Freundin Jan blickte mich mit einem etwas hilflosen Lächeln an, als sie auf den Schulhof hinausging. Ich versuchte, mich nicht ablenken zu lassen. Ich war entschlossen, nach draußen zu kommen. Etwa um diese Zeit begann Miss Tyler zu kichern, und dem schloss sich auch Mr. Miller an, der andere Lehrer der Fünftklässler, der aus irgendeinem Grund vorne in unserem Klassenraum aufgetaucht war. Ich empfand das vereinte Lachen der beiden Lehrer als geradezu störend.

„Pscht!", hörte ich mich sagen. Ich dachte nicht, dass ich eine „Sechs" dafür riskieren würde, wenn ich meine Lehrer daran erinnerte, dass wir hier arbeiteten – und außerdem war „Pscht" kein richtiges Reden.

Mein gereiztes „Pscht" und mein funkelnder Blick ernteten durchaus nicht die Reaktion, die ich erwartet hatte. Miss Tyler und Mr. Miller bekamen unvermittelt einen Lachanfall. Sie lachten so heftig, dass Miss Tyler begann, sich die Seiten zu halten und „Oh, Oh, Oh!" ausrief, während sie zu verhindern suchte, dass ihr die Seiten wehtaten. Wir alle hörten auf und starrten sie an, wie sie schnauften und sich die Tränen aus den Augen wischten.

„Ariel, hast du die Anweisungen gelesen?", fragte Mr. Miller, während er versuchte, ein ernstes Gesicht zu bewahren. Ich blickte auf das Drittel der Klasse, das noch dasaß, und protestierte, wie nur ein schuldbewusstes Kind es kann: „Natürlich habe ich das getan!"

Tatsächlich hatte ich nicht den ganzen Absatz mit den Anweisungen gelesen. Ich wollte ihn schnell hinter mich bringen. Mein geräuschvoller, empörter Protest rief eine ganze neue Lachsalve, Schnaufer, „Ohs!" und weitere komische Ausrufe von Miss Tyler und Mr. Miller hervor.

„Kinder, bitte legt eure Stifte hin“, befahl Miss Tyler, und ich wollte gerade protestieren, weil wir immer noch eine halbe Stunde übrig hatten und ich den Test bestehen wollte, doch irgendetwas in ihrem Blick hielt mich davon ab.

„Ariel, bitte lies der Klasse die Anweisungen vor.“

Mit erhobener Stimme, wobei ich mich bemühte, so zu klingen, als hätte ich sie tatsächlich ganz gelesen, begann ich: „Achte darauf, deutlich und leserlich zu schreiben. Vergiss nicht, in den Randspalten zu erklären, wie du gearbeitet hast. Wenn deine Lösung verkehrt ist, wird dir ein Teil der Punkte für die Arbeit angerechnet, die du richtig gemacht hast. Wenn du nicht erklärst, wie du zu deinen Lösungen gekommen bist, werden dir keine Punkte angerechnet, selbst wenn deine Lösung richtig ist. Vergiss nicht, alle Fragen durchzulesen, bevor du anfängst. Beantworte nur die Fragen 4, 13 und 30, gib deine Zettel ohne zu reden ab und gehe dann nach draußen.“

„Ich kann nicht mit ansehen, wie der Rest von euch diesen herrlichen Tag einfach nur deshalb vergeudet, weil ihr meine Anweisungen nicht befolgt habt“, sagte Miss Tyler mit einem Lächeln, das jetzt ziemlich freundlich schien. „Nur zu, geht mit euren Freunden nach draußen“, fuhr sie fort, während sie die Tests, die sie eingesammelt hatte, in den Papierkorb warf. „Und vergesst nicht, eure Tests in den Abfall zu werfen, bevor ihr geht.“ Dies war eine Folge von Anweisungen, gegen die ich mich nicht sträuben würde.

Als ich an jenem Tag leise an den Empfangsschalter in der chirotherapeutischen Praxis zurückkehrte, war ich ebenso verblüfft wie damals in der fünften Klasse, als ich feststellte, dass ich die Anweisungen nicht befolgt hatte. Shya hatte einfach das getan, wozu er aufgefordert wurde. Warum fand ich das so bemerkenswert? In Gedanken wiederholte ich nochmals meine Anweisungen:

Oh, geh doch fort, du. Sei bloß still; stell deinen Kaffee ab, nimm deine Patientenkarte und geh in Zimmer 3. Leg dich hin und warte auf den Doktor.

Shya hatte keinen Extraschluck Kaffee genommen und auch nicht „Okay“ gesagt oder irgendein anderes Füllwort hinzugefügt; er hatte einfach meine Anweisungen befolgt und meine Bitte vollständig erfüllt. Ich weiß nicht genau, warum mich dies so tief beeindruckte. Ich war von der Sparsamkeit seiner Bewegungen inspiriert und berührt davon, dass seine Handlungen ohne Vorbehalt zu sein schienen. Und ich hatte auch nicht das Gefühl, als hätte ich ihn herumkommandiert. Er hatte einfach auf meine Bitte reagiert, und ich fühlte mich stark, beachtet und irgendwie besonders.

Einmal gingen Shya und ich in New York eine Straße entlang, als er plötzlich stehen blieb, sich umdrehte und aufmerksam einem sich entfernenden Paar nachstarrte, das gerade an uns vorbeigegangen war. „Rick, bist du das?"

Das Paar wandte sich um. Rick war jemand, den Shya gekannt hatte, während er in Maine lebte, und den er seit fast 14 Jahren weder gesehen noch gesprochen hatte. Wie sich herausstellte, lebte Rick gegenwärtig in Washington und war gerade mit seiner Freundin Lisa in Manhattan.

Lisa gab ihm die Hand und sagte: „Shya, ich bin froh, dich endlich zu treffen. Rick hat mir so viel von dir erzählt."

„In der Tat habe ich neulich gerade mit einem der Geschäftsführer, für die ich als Berater tätig bin, über dich gesprochen. Ich erzählte ihm von der Zeit, als du zu einem Barbecue zu mir nach Hause gekommen bist. Erinnerst du dich daran?"

Als Shya verneinend den Kopf schüttelte, fuhr Rick fort: „Es war eine äußerst erstaunliche Geschichte. Ich schätze, sie ist vor ungefähr 18 oder 20 Jahren passiert. Du bist an einem frühen Abend zu mir nach Hause gekommen, als ich gerade Essen für unsere Familien und Freunde zubereitete, und hast gefragt, ob du mir bei irgendetwas helfen könntest. Ich habe dir gesagt, dass es hilfreich wäre, wenn du den Grill sauber machen, etwas Brennholz für später hacken und das Geschirr hinaus auf den Tisch bringen könntest. Und weißt du was, du hast den Grill sauber gemacht, etwas Brennholz gehackt und das Geschirr hinaus auf den Tisch gebracht. Du hast nicht die Reihenfolge verändert, in der du diese Arbeiten erledigt hast. Du hast nichts hinzugefügt. Du hast genau das getan, worum ich dich bat. Es war fast so, als würde ein zweites ‚Ich' dort draußen diese Aufgaben erfüllen, und es war eine erstaunliche Erfahrung, die ich nie vergessen habe."

Shyas Fähigkeit, präsent zu sein, ermöglichte es ihm, auf das zu hören, worum er gebeten wurde, und es dann zu tun. Die Fähigkeit, Anweisungen einfach zu befolgen oder eine Bitte zu erfüllen, kann jedoch für viele Menschen aus mehreren Gründen problematisch sein. Oftmals sind sie so mit ihren eigenen Gedanken beschäftigt, dass sie nicht wirklich zuhören, und daher ist es dann praktisch unmöglich, voll und ganz aufnahmefähig zu sein. Wenn du gerade etwas anderes tust, werden Bitten oder Aufforderungen häufig als aufdringlich oder als ungelegene Störung deiner Pläne angesehen. Wenn das geschieht, wirst du vielleicht tun, wozu du aufgefordert wirst, doch deine Handlungen sind wahrscheinlich nur halbherzig. Wie wir bereits im Kapitel über versteckte innere Programme diskutiert haben, haben viele Menschen nie auf die aus ihrer Kindheit stammende Entscheidung geachtet, „unabhängig" zu sein. Wenn dies der Fall ist, werden selbst einfache Aufforderungen abgewehrt oder beschönigt.

Die Fähigkeit, „Ja" zu den Aufforderungen zu sagen, die das Leben an dich stellt, hat weitreichende und tiefgehende Auswirkungen. Wenn du Bewusstheit in dein automatisches „Nein" hineinbringst, ohne dich selbst dafür zu be- oder verurteilen, dann verliert es seine Macht, dein Leben, deine Wahlmöglichkeiten im Leben und deine Beziehung zu dominieren (Drittes Prinzip der Unmittelbaren Transformation). Anstatt sich ausnutzen zu lassen, werden Menschen, die lernen, wie sie ein „Ja" gegenüber den Aufforderungen des Lebens sein können, direkter in ihren Handlungen und in ihrer Kommunikationsfähigkeit. Als Folge davon sind sie produktiver, leistungsfähiger und zufriedener. Auf einer intimen Ebene wird jemand, der herausfindet, wie er seinem Partner zuhören und seine Bitten erfüllen kann, feststellen, dass körperliche Intimität weitaus einfacher, wohltuender und erfüllender wird.

HINGEBEN KONTRA NACHGEBEN

Es ist wichtig festzulegen, was damit gemeint ist, wenn wir die Begriffe „Hingeben" und „Nachgeben" verwenden, und zwischen beiden zu unterscheiden. Es besteht ein gewaltiger Unterschied, sich den Aufforderungen, die dein Leben und dein Partner an dich richten, hinzugeben oder ihnen nachzugeben. Hingeben ist, wenn du die Aufforderung oder Bitte eines anderen so annimmst, als wäre es deine eigene. Nachgeben ist, wenn du tust, was von dir erbeten wird, und dich als Opfer siehst, weil du es tun sollst.

Wie viele Male hast du gesagt: „Ja, ich will", und dich dann darüber geärgert, dass du es tun solltest? Das ist Nachgeben. Nachgeben heißt, dass du dich in Gedanken über die Ungerechtigkeit der Aufforderung oder Bitte beschwerst und dass du es nur deshalb tust, weil du darum gebeten wurdest, aber nicht, weil du es selbst möchtest.

Hingeben definieren wir so, dass du es dir selbst gegenüber zulässt zu tun, was dein Leben von dir verlangt, und bisweilen zeigt sich dein Leben in Form von Aufforderungen oder Bitten, die dein Partner an dich richtet. Hingeben ist, wenn du eine Bitte erfüllst, so als wäre es in erster Linie deine eigene Idee – in der Absicht, eine wirklich tolle Idee daraus werden zu lassen. Dies unterscheidet sich deutlich davon, die Bitte in der Absicht zu erfüllen, deinem Partner zu beweisen, dass er einen Fehler gemacht hat oder irregeleitet war, überhaupt gefragt zu haben. Mit anderen Worten, wenn du einer Bitte bloß nachgibst, wirst du keinen Spaß haben und dem anderen beweisen, dass er/sie im Irrtum war. Wenn du nachgibst, wirst du dir selbst auf irgendeine Weise schaden, nur um deinem Partner zu zeigen, wie sehr er/sie unrecht hat.

Viele Menschen halten Hingabe für eine große Herausforderung, denn wenn sie einmal in einer Beziehung sind, fangen sie an, mit ihren Partnern zu konkurrieren. Diese Dynamik kann besonders stark ausgeprägt bei Frauen sein, die sich und ihre Leistungen vergleichen und beweisen möchten, dass sie einem Mann ebenbürtig oder genauso gut wie ein Mann sind. Sie ist auch stark ausgeprägt bei Männern, die programmiert worden sind, sich nicht von „Mädels" überflügeln zu lassen.

Viele Frauen haben noch nicht entdeckt, dass sie einfach sie selbst sein und trotzdem ihre Weiblichkeit einbeziehen können. Sie haben nicht gemerkt, dass sie in einer Männerwelt nicht männlich sein müssen. Sie haben nicht erkannt, dass sie als Mensch sehr überzeugend und stark sein können – ohne Gewalt, weil Gewalt bei einer Frau wirklich schlimm aussieht. Natürlich klappt es damit auch bei Männern nicht so gut.

Wahre Unabhängigkeit ist die Fähigkeit,
sich einem anderen Wesen hinzugeben.
Ohne diese Fähigkeit bist du nicht unabhängig.
Vielmehr wirst du völlig gelenkt
von einer mechanischen Vorgehensweise:
„Sag mir nicht, was ich tun soll!"

Wenn du die Wahl hast, die Fähigkeit, die Bereitschaft, dich hinzugeben, dann bist du wahrhaft unabhängig. Es erfordert eine sehr starke Persönlichkeit, um zu sagen „Ja ... ja ... okay. Ja ... ja ... sicher. In Ordnung ... ja."

Wenn du die Fähigkeit hast, dich der frühen Programmierung zu entziehen, dass du von einem anderen nicht gesagt bekommen willst, was du tun sollst, dann hast du tatsächlich die Fähigkeit, ehrlich vorzugehen und zu sagen: „Nein, das möchte ich nicht tun", wenn „Nein" für dich stimmt. Wenn du die Fähigkeit hast, dich hinzugeben, dann wirst du in dir selbst stark und auch deine Verbindung mit einem Partner wird stark. Egal ob deine Beziehung neu oder länger erprobt ist, es besteht die Möglichkeit, dich deinem Leben und deinem Partner hinzugeben und deine Beziehungen in den Bereich des Wunderbaren eintreten zu lassen.

Beim Gedanken, sich ihrem Partner hinzugeben, bekommen Menschen bisweilen Angst, sich selbst zu verlieren, ausgenutzt zu werden oder zu einem„Fußabtreter" zu werden. Wenn du eine dieser Befürchtungen bei dir feststellst, dann tritt einen Schritt zurück und mache dir klar, dass die Auflösung deines automatischen „Nein" in Wahrheit nichts mit deinem Partner und alles damit zu tun hat, wie du dein Leben angehst. Beginne damit, auf deine Gedanken und Einstellungen zu normalen Alltagsaktivitäten zu achten. Wenn du dir zum Beispiel die Zähne putzt, wehrst du dich noch immer dagegen, „es tun zu müssen"? Oder hast du jemals festgestellt, dass du schmutziges Geschirr ungespült im Küchenbecken stehen lässt und dann den ganzen Tag daran vorbeigehst, obwohl sein bloßer Anblick eine Aufforderung an dich ist, es abzuwaschen und wegzuräumen?

Oder wie steht es damit, dein Bett zu machen, eine Rechnung zu bezahlen, dein Girokonto auszugleichen, einen Telefonrückruf zu machen oder eine kaputte Glühbirne auszutauschen? Wenn wir von Hingabe sprechen, sprechen wir davon, die Fähigkeit zu entwickeln, ein „Ja" gegenüber den „Anforderungen" zu sein, die das Leben an dich stellt. Wenn du darin geübt wirst, empfänglich für deine Umgebung zu sein, wird das „Ja"-Sagen zu deinem Partner zu einem wundervollen Tanz, füreinander zu sorgen, anstatt zu einem unwilligen, Listen führenden „Wie du mir, so ich dir".

Übungen: Sag mir nicht, was ich tun soll

1. Sieh, ob du alle Methoden feststellen kannst, wie du dich dagegen wehrst, gesagt zu bekommen, was du tun sollst, von dir selbst und von anderen.
2. Achte darauf, wenn das Telefon läutet, ob du es für einen Eindringling hältst.
3. Wenn dein Partner dich darum bittet, etwas zu tun, achte darauf, wenn deine Reaktion darauf nicht aus ganzem Herzen kommt. (Wenn du keinen Partner hast, setze hier deinen Supervisor, einen Arbeitskollegen, einen Freund oder einen Familienangehörigen ein.)

6
DEN KREISLAUF VON UNERFÜLLENDEN BEZIEHUNGEN DURCHBRECHEN

Wenn du eine funktionierende, fördernde Beziehung zu einem anderen herstellen möchtest, ist es unumgänglich, dass du dazu bereit bist, die Beziehung zu deinen Eltern ganz zu vollenden. Das Wörterbuch definiert „vollenden" als: kein fehlender Teil, voll, ganz, komplett. Was bedeutet es, die Beziehung mit deinen Eltern nicht vollendet zu haben? Das ist der Fall, wenn du darauf bedacht bist zu beweisen, dass sie bei dem, was sie getan oder nicht getan haben, im Irrtum oder im Recht waren, oder wenn du unablässig nach ihren Schwachpunkten suchst.

Wenn du darauf verweist, wie du dein Leben lebst im Vergleich damit, wie deine Eltern ihr Leben gelebt haben, und was sie für dich getan haben oder nicht, dann hast du nicht mit ihnen abgeschlossen. Wenn sie zum Beispiel deiner Meinung nach entweder zu sehr da waren und dich erdrückt haben, oder wenn sie nicht genügend da waren und du dich verlassen und missverstanden gefühlt hast, dann sind auch dies Symptome dafür, damit nicht fertig zu sein. Auf irgendeine Weise befindet sich deine Identitätsquelle in Relation mit und in Reaktion auf deine Eltern. Wenn du sagst, dass deine Eltern für dein Beziehungsverhalten verantwortlich sind, dann hast du die Beziehung mit ihnen noch nicht abgeschlossen.

Wir haben erlebt, dass viele Erwachsene, die Kinder von äußerst erfolgreichen Leuten waren, im Leben und in ihren Beziehungen versagt haben, weil sie ihren Eltern beweisen wollten, dass sie es falsch gemacht haben. Jedes Mal, wenn die Dinge anfingen, zu gut zu laufen, sabotierten diese Menschen regelmäßig die Möglichkeit ihres eigenen Erfolgs. Recht zu haben war wichtiger als glücklich zu sein. Die Aversion dagegen, wie ein Elternteil zu sein, ist nicht-unterscheidend; du kannst dir nicht einfach die Anteile herauspicken und auswählen, die du nicht sein möchtest. Wenn du versuchst, nicht wie sie zu sein, dann wirst du auch ihre „guten" Charakterzüge vermeiden.

GIB DEINEN ELTERN NICHT DIE SCHULD

Du kannst nicht du selbst sein, wenn du vermeidest, wie dein einer oder anderer Elternteil zu sein, weil du dann nicht dein eigenes Leben lebst. Wenn du dich gegen deine Eltern wehrst oder dich um ihre Anerkennung bemühst, dann wird jede Handlung im Bruchteil einer Sekunde durch den Gedanken gefiltert, wie sie die Dinge tun würden, anstatt einfach du selbst zu sein.

Wenn du deiner Mutter oder deinem Vater immer noch die Schuld daran gibst, wie du bist, dann wirst du an deiner Fähigkeit gehindert sein, eine vollkommen befriedigende Beziehung zu haben. Deine Beziehung zu deinen Eltern ist deine archetypische Beziehung zu Männern und Frauen. Sie haben es nicht falsch gemacht. Sie haben einfach ihr Leben gelebt, so gut wie sie es wussten, und du bist zufällig in diese Familie hineingeboren. Deine Eltern haben wahrscheinlich keine Kurse darüber besucht, Eltern zu werden oder wie man befriedigende Beziehungen hat. Und auch ihre Eltern taten das nicht ... ebenso wenig wie deren Eltern. Bis vor Kurzem, wahrscheinlich bis vor 30 oder 40 Jahren, hat es keine Lehrgänge über Elternschaft und Beziehungsverhalten gegeben. Die Art und Weise, wie Menschen sind, ist die Art und Weise, wie zu sein sie in den Familien, in denen sie aufwuchsen, gelernt haben. Auch deine Eltern haben es so gut gemacht, wie sie es eben wussten.

Aus der Sicht eines Kindes hätten deine Eltern Dinge anders machen sollen. Die Perspektive von Kindern konzentriert sich auf sie selbst und auf das, was sie wollen. Sie können nicht alle Komplexitäten berücksichtigen, wie es ist, seinen Lebensunterhalt zu verdienen, Beziehungen zu anderen Menschen herstellen zu müssen und für das Wohlergehen und Überleben der Familie verantwortlich zu sein. Kinder haben definitionsgemäß eine unreife und begrenzte Sicht der Realität und können Alltagsereignisse nur auf eine Weise durchfiltern, und zwar so, wie diese Ereignisse sie selbst und ihre Wünsche, Vorlieben und Bedürfnisse betreffen.

In jungen Jahren, als Kind, hast du Entscheidungen darüber getroffen, wie deine Eltern waren, und diese Entscheidungen dann über diese Zeit hinaus beibehalten, so als wären sie zutreffend. Die meisten Menschen machen sich nicht klar, dass viele ihrer Meinungen gebildet wurden, als sie vor vielen Jahren in einer kindlichen Trotzphase waren oder sich zurückzogen.

LeAnnes Geschichte

Heute kann unsere Freundin, LeAnne, darüber lachen, wie sie als Kind die Dinge auslegte, die ihr Vater „falsch" machte. Eine recht dramatische Kindheitserinnerung hatte mit einem Urlaub zu tun, den sie mit ihren Eltern in Griechenland verbrachte. Während sie durchs Land reisten, hielten sie an einem touristischen Aussichtspunkt an. Weil LeAnne nicht groß genug war, um über die Steinmauer zu schauen, welche den Klippenrand umschloss, hob ihr Vater sie hoch und stellte sie oben auf die Mauer, damit sie den Ausblick genießen konnte. LeAnne war von der Höhe erschreckt und aufgrund ihrer unreifen Sicht dachte sie sich die Geschichte aus, dass ihr Vater versuchte, sie über die Klippe zu werfen. Dieses Märchen hielt sich jahrelang, sie wiederholte es sich selbst gegenüber und schmückte es im Laufe der Zeit weiter aus. Schließlich erkannte LeAnne, dass sie sich eine sehr phantasievolle, erfinderische Geschichte ausgedacht hatte, um ihre Angst zu rechtfertigen, und sah außerdem ein, dass ihr Vater weder die Absicht hegte, ihr Schaden zuzufügen, noch den Wunsch hatte, sie in irgendeiner Weise zu verletzen. Als sie Bewusstheit in ihr Verhalten gegenüber ihrem Vater brachte, befreite sie dies von ihrer Erwartung, dass Männer darauf aus waren, sie zu verletzen.

Einige Personen, die dieses Buch lesen, werden Eltern gehabt haben, die in der Tat Missbrauch trieben oder denen es ernstlich an elterlichen Fähigkeiten mangelte. Wir wollen damit nicht sagen, dass manche Menschen nicht schwere Kindheitstraumata erlebt haben. Was wir zu bedenken geben ist, dass es deine Beziehungsfähigkeit ernstlich hemmen wird, wenn du Rachegefühle gegenüber deinen Eltern mit dir herumträgst. Selbst wenn deine Eltern Dinge taten, die gefühllos, unüberlegt oder missbräuchlich waren, kommt ein Punkt, an dem du zwischen den Möglichkeiten wählen musst, ein vollkommen befriedigendes Leben zu haben, oder im Recht darüber zu sein, wie deine Eltern dir Unrecht taten.

Wenn du eine Beziehung haben möchtest,
die funktioniert,
dann musst du es aufgeben,
deine Eltern für deine Handlungen verantwortlich zu
machen und anfangen, dein eigenes Leben zu leben.

WEM TUST DU WIRKLICH WEH?

Du kannst entweder bei Geschehnissen der Vergangenheit verweilen, realen oder imaginären, oder du kannst sie integrieren und weitergehen. Zweites Prinzip: Du kannst dich entweder der Beschäftigung widmen, die Vergangenheit wiederaufleben zu lassen und zu versuchen, das Geschehene herauszufinden, zu verändern oder andere dafür verantwortlich zu machen, oder du kannst dein Leben leben und diese Dinge mit einbeziehen, ohne dass sie dich dominieren.

Nancys Geschichte

Hier ein Beispiel, aus Shyas Sicht erzählt, wo die Rachegefühle einer jungen Frau gegen ihren Vater so stark waren, dass sie ihr Leben und ihre Lebensentscheidungen beherrschten. Nancys persönlicher Krieg mit ihrem Dad machte selbst ein beiläufiges Gespräch zu einem Schlachtfeld. Vor einigen Jahren wurden wir eingeladen, mit einer Freundin von uns, Jackie, und deren Freundin, Nancy, gemeinsam essen zu gehen. Wir erschienen in dem Ecklokal, und wir vier setzten uns an einen Tisch in der Nähe des Fensters. Sobald uns der Kellner eine Weinliste und die Speisekarten gegeben hatte, knüpften wir jene Art von unverbindlichem Gespräch an, das man hat, wenn man jemanden zum ersten Mal trifft.

Dieses Essen fand zu jener Zeit statt, als es in New York noch erlaubt war, in Restaurants zu rauchen. Ehe der Kellner zurückkam, um unsere Bestellung aufzunehmen, holte Nancy eine Schachtel Marlboro und ein Feuerzeug heraus, und während sie mich direkt anblickte, sagte sie: „Hast du etwas dagegen, wenn ich rauche?"

Obwohl ich selbst nicht rauche und nicht besonders gern in einer von Rauch erfüllten Umgebung bin, tue ich mein Möglichstes, anderen meine Maßstäbe nicht aufzudrängen, und daher sagte ich: „Bitte, nur zu."

Nancys Reaktion war ziemlich schockierend. Ihr Gesicht wurde bleich. Augenblicklich erhob sie ihre Stimme. „Was willst du damit sagen, dass du nichts dagegen hast? Du leitest Seminare, von dir wird erwartet, dass du dich um die Leute sorgst!"

Ariel, Jackie und ich blickten einander an. Dieser Ausbruch kam so unerwartet. Ich sagte erklärend: „Hör zu, Nancy, du bist eine erwachsene Frau. Wenn du rauchen willst, wer bin ich, dir zu sagen, es nicht zu tun? Es geht nicht darum, ob ich mich um dich sorge oder nicht; es ist deine Wahl, ob du rauchst oder nicht, und geht mich nichts an."

Nancy sprang auf und schrie: „Wie konntest du nur derart unsensibel sein? Ich kann nicht glauben, dass du so gleichgültig und gefühllos sein würdest, mich in deiner Gegenwart rauchen zu lassen, ohne mir zu sagen, dass es ungesund für mich ist. Du bist genauso wie mein Vater!"

Und damit, ohne ein weiteres Wort zu sagen, griff sie nach ihrer Handtasche und rannte in die Nacht hinaus.

Jackie erzählte uns später, dass Nancy noch nie eine erfolgreiche Beziehung zu einem Mann gehabt hatte. Die unvollendete Geschichte mit ihrem Vater überlagerte weiterhin jeden Mann, den sie traf. Durch die Rachegefühle gegenüber ihrem Vater hatte Nancy an allen Männern ihrer Umgebung etwas auszusetzen gehabt, sowohl bei flüchtigen Bekanntschaften als auch in potenziellen romantischen Situationen, und dies schloss jede bedeutungsvolle Beziehung zu einem Mann aus.

Als Menschen haben wir unbegrenzte Möglichkeiten. Wenn dein Leben jedoch darauf beruht, dich gegen deine Eltern zu wehren oder sie zu bestrafen, dann gibt es nur eine einzige Möglichkeit – und diese besteht darin, die Dynamik, die du mit ihnen erschaffen hast, immer wieder mit anderen neu in Szene zu setzen. Daher beherrscht die Tatsache, die Beziehung zu dem einen oder anderen Elternteil nicht komplettiert und abgeschlossen zu haben, schließlich deine gesamte Lebensstrategie. Es ist eine Ironie, weil es den Anschein haben könnte, dass es dich unabhängig machen würde, wenn du dich gegen sie wehrst, doch tatsächlich bindet es dich an sie – für immer.

Melanies Geschichte

Hier ein weiteres Beispiel, wie die nicht vollendete Beziehung zu einem oder beiden Elternteilen dich daran hindern wird, eine wundervolle Beziehung zu haben, und dich auch davon abhalten wird, ein befriedigendes Leben zu führen. Melanie wechselte von einem Freund zum nächsten, und wir hatten den Verdacht, dass sie Männer weniger aus Liebe und mehr wegen der Schockwirkung wählte, die sie bei ihrer Familie auslösten. Sie verabredete sich mit Männern aus unterschiedlicher ethnischer Herkunft, religiöser Zugehörigkeit, sozialem Hintergrund und tendierte dazu, die Beziehung zu beenden, wenn die Leute in ihrer Umgebung damit anfingen, den neuen Verehrer zu mögen und zu akzeptieren. Zu anderen Zeiten neigte sie dazu, Männer zu finden, die sie schlugen oder grob behandelten.

Zwischenmenschliche Beziehung war nicht der einzige Bereich, in dem Melanie sich abmühte. Nach vielen Jahren, in denen sie sich ihren Weg durch das College erkämpft hatte, machte sie endlich ihren Magister in Sozialarbeit. Da die Familie und Freunde wussten, wie schwierig es für sie gewesen war, dies zu erreichen, gaben sie eine Party für Melanie, um diese Leistung zu honorieren. Wir nahmen an diesem Fest teil, und Folgendes geschah:

Melanie trat zu uns, mit einem Glas Sekt in der Hand, und erklärte offen heraus: „Jetzt will ich meinen Doktortitel machen.

Dann wird mein Vater mir endlich zuhören." Und damit ging sie fort. Arme Melanie! Keine Leistung, keine Beziehung wird jemals ausreichend sein, wenn sie nicht herausfindet, wie sie die Beziehung zu ihrem Vater vollenden und abschließen kann.

ERWACHSENE ÜBERLEBENDE DER KINDHEIT

Ein Mann kam zu uns, der sich selbst für erwachsen hielt. Nach seiner Lebensgeschichte hatte er eine schmerzvolle Kindheit überlebt. Doch die Deutung der Kindheit, die er überlebt hatte, stammte aus den Verzerrungen und Missdeutungen eines kindlichen Gemüts. Hier sind die Einzelheiten:

David hatte viele Jahre damit verbracht, zu verschiedenen Therapeuten und Psychiatern zu gehen und seine Kindheit zu erforschen als Mittel, um sich sein Versagen als Erwachsener, seine Depressionen und Gefühle von Unfähigkeit, Unzulänglichkeit und Unsicherheit zu erklären. Man konnte jeden Aspekt seines Lebens zur Sprache bringen – er hatte immer eine Aneinanderreihung von chronologischen, bis in seine Kindheit zurückreichenden Ereignissen als Erklärung dafür, warum er so war, wie er war. Die meisten dieser Erklärungen wiesen auf seinen Vater als Grund für all seine Fehlschläge hin. Die traumatischen Vorfälle auf seiner Liste der Missetaten seines Vaters plapperte er wie ein abgedroschenes Skript herunter. Alles, was David als gegenwärtigen Fehlschlag ansah, wurde von ihm mit dieser Liste in Verbindung gebracht und konnte auf diese Familiengeschichte zurückgeführt werden.

Wenn Menschen ganz von ihren inneren Gesprächen über ihre Kindheit in Anspruch genommen sind, werden sie gelähmt und ineffektiv. Ihr Leben wird zu einer Reihe von Nachforschungen, warum sie auf die Weise handeln, wie sie es tun, und wie es dazu gekommen ist, dass sie jetzt so durcheinander sind. Es ist eine Falle, sein Leben wieder aufzuwärmen. Das ist paradox: Einerseits ist es lobenswert, solche Dinge zu erforschen, die Produktivität und Wohlergehen zu hemmen scheinen. Andererseits aber kannst du dich durch genau dieses Nachforschen in der Suche verlieren, irgendetwas oder irgendjemand außerhalb von dir selbst dafür verantwortlich zu machen, wie sich dein Leben zeigt. Wenn das der Fall ist, dann wirst du weiter zurückgehen bis zu: *Wenn ich eine andere Familie gehabt hätte, dann wäre mein Leben anders* oder *Wenn meine Eltern sich nicht hätten scheiden lassen, dann würde ich keine Schwierigkeiten in Beziehungen haben.*

Bei jedem von uns kommt ein Punkt im Leben, an dem es eine Gelegenheit gibt, tatsächlich die Kontrolle zu übernehmen. Das Kommando über dein Leben zu übernehmen verlangt, beide Hände auf das Steuerrad zu legen und vorwärtszufahren. Wenn du den Hang dazu hast, auf deine Vergangenheit zu blicken, um deine Zukunft zu bestimmen, ist das so, als würdest du die Straße entlangfahren und dabei in den Rückspiegel gucken, um herauszufinden, welche Kurven vor dir liegen. Dann wunderst du dich, warum deine Kotflügel vom Leben derart verbeult sind. Um Kontrolle zu übernehmen, musst du deine Vergangenheit loslassen und mit dem sein, was ist, anstatt dafür die Geschichte verantwortlich zu machen, die vorher kam.

Wir möchten damit nahelegen, dass es eine Möglichkeit außerhalb der psychologischen Deutung gibt, bei der dein Leben von zentralen Ereignissen bestimmt wird, die in deiner Kindheit passiert sind. Wenn man ein psychologisches Modell anwendet, dann sind jene früheren zentralen Momente bestimmend für das Leben. Das bedeutet, dass es keine Möglichkeit gibt, sich jemals von solchen Ereignissen zu erholen.

Gegenwärtig bietet sich der Menschheit ein Paradigmenwechsel von Ursache und Wirkung zum „Sosein“ an – von einem psychologischen Paradigma, wo unser Leben von Ereignissen in unserer Vergangenheit bestimmt wird, zu einem transformativen Ansatz, wo die Dinge einfach so sind, wie sie sind, und nicht aufgrund irgendeines früheren Geschehens.

Zwei Dinge können nicht denselben Raum zur selben Zeit einnehmen. Du kannst dein Leben nicht direkt und unmittelbar leben, wenn du bereits ganz davon in Anspruch genommen bist herauszufinden, warum du so bist, wie du bist. Du kannst entweder aktiv mit deinem Leben beschäftigt sein oder über dein Leben nachdenken. Du kannst nicht beides gleichzeitig tun. Wenn du dein Leben direkt lebst, entdeckst du die Möglichkeit von wahrer Zufriedenheit, Wohlbefinden, ein Gefühl von Sicherheit und Befähigung. Als Folge davon hörst du auf, dir den Kopf darüber zu zerbrechen, ob du es richtig machst oder nicht, ob du die Zustimmung anderer Menschen findest oder ob du dir sogar selbst zustimmen würdest.

Wenn du dein Leben direkt und unmittelbar lebst, sind deine Kindheitserfahrungen bedeutungslos für deine Fähigkeit, wundervolle Beziehungen herzustellen.

PERSÖNLICHE VERANTWORTUNG ENTECKEN

Wir kannten einmal eine 60-jährige Frau namens Susan, welche die Beziehung zu ihren Eltern nicht vollendet hatte. Ihrer Geschichte zufolge war ihr verstorbener Vater ein zorniger Mensch gewesen. Susan hatte jedoch besonders die Beziehung zu ihrer Mutter, die ebenfalls verstorben war, nicht abgeschlossen. Diese unvollendeten Beziehungsaspekte wurden immer wieder mit allen anderen Frauen in ihrem Leben nochmals durchgespielt, einschließlich jüngerer als sie, wie beispielsweise ihre eigene Schwiegertochter Megan.

Susan rief uns wegen einer individuellen Beratungssitzung an, weil sie ein Problem hatte. Ihrer Meinung nach verhielt Megan sich anscheinend beleidigend und behandelte sie respektlos. Ihre größte Angst war, dass Megan, die schwanger war und bald ihr erstes Kind bekommen würde, sich weigern würde, sie das Baby sehen zu lassen. Laut Susan war Megan gemein, boshaft, gehässig und nachtragend. Susan wollte die Situation in Ordnung bringen und suchte verzweifelt nach einem Weg, Megan dazu zu bringen, sie zu mögen. Gemäß unserer Erfahrung, dass zwei dafür nötig sind, um zu kämpfen, und nur einer, um den Kampf zu beenden, erklärten wir Susan, dass unser Ansatz auf persönlicher Verantwortung beruht. Wir lenkten ihre Aufmerksamkeit darauf, auf ihren eigenen Anteil in der Beziehungsdynamik zu achten, der die Disharmonie zwischen ihr und ihrer Schwiegertochter hervorrief.

Die meisten von uns blicken nicht so auf unser Leben, als wären wir Wissenschaftler. Wenn etwas passiert, was uns nicht gefällt, gehen wir gewöhnlich nicht zurück und untersuchen die Vorboten dieses Geschehens. Wir achten nicht auf das, was gesagt oder getan wurde und zu den möglichen Unannehmlichkeiten führte. Daher hat es für uns den Anschein, als wäre die andere Person übermäßig aufgebracht, und wir achten selten auf unseren Anteil bei der Sache, wie jene Person auf uns reagiert hat. Was haben wir getan oder nicht getan, um diese Reaktion auszulösen?

Was Susan nicht beachtet hatte, war die Tatsache, dass sie starke Vorurteile über Megan hatte. Sie hatte auch nicht wahrgenommen, dass sie eifersüchtig darauf war, wie ihr Sohn nun seiner Frau mehr Aufmerksamkeit schenkte als ihr. Sie war darüber aufgebracht, verärgert und suchte nach Dingen, die sie an Megan auszusetzen hatte. Im Laufe unseres Gesprächs wurde offenkundig, dass Susan immer noch einen Groll dagegen hegte, wie das Paar vor Jahren seine Hochzeit geplant hatte. Sie fuhr damit fort, sich Zustimmung bei Megans Mutter und anderen dafür zu holen, wie man es hätte anders machen sollen. Susan hatte Druck ausgeübt, manchmal heimlich und manchmal offen, um das Paar dazu zu bewegen, sein Leben gemäß ihrer Vorstellung dessen, was richtig war, zu leben. Es war Susan nicht in den Sinn gekommen, dass ihre Haltung und die Einmischung in das Leben ihres Sohnes und ihrer Schwiegertochter der eigentliche Auslöser für den Stress in der Beziehung sein könnte und nicht ein Charakterfehler von Megan.

Später luden wir Susan ein, an einem unserer Wochenend-Workshops teilzunehmen. Wir haben die Beobachtung gemacht: Wie du etwas tust, so tust du alles. Wir hatten das Gefühl, dass ihre Teilnahme es ihr ermöglichen würde zu beobachten, welche Interaktion sie mit anderen hatte, um dadurch weitere Einsicht in die Dynamik der Beziehung zu ihrer Schwiegertochter zu gewinnen. Wir müssen zugeben, dass wir davon überrascht waren, wie sich die Ereignisse im Laufe jenes Wochenend-Seminars entwickelten.

Am Freitagabend stellte jeder sich vor und für die Leute war es wirklich spannend, da zu sein und einander zu begegnen. Susan fügte sich gut ein. Am Samstagnachmittag begann sich jedoch die Dynamik zu enthüllen, wie sie Beziehungen zu anderen und zu ihrem Umfeld herstellte. In der Nachmittagssitzung fragten wir jeden, wie die Mittagspause verlaufen war, und ein junger Mann namens Alex meldete sich zu Wort. Er berichtete auf eine sehr ruhige Art und Weise, dass er mit Susan und einer weiteren Person zum Essen gegangen sei; keine von beiden habe er vorher gekannt. Er erklärte, dass sich das Mittagessen mit Susan auf merkwürdige Weise streitsüchtig anfühlte und er angefangen hätte, sich sehr über sie zu ärgern. Laut Alex waren Susans Fragen und Bemerkungen vor und während des Essens von ihrem inneren Programm gesteuert, das zu bekommen, was sie wollte. Er hatte das Gefühl, dass sie Druck ausübte und wollte, dass die Dinge nur nach ihren Vorstellungen liefen, ohne andere überhaupt zu berücksichtigen. Alex musste sogar über sich selbst lachen. Er erzählte uns und Susan, dass er früher, bevor er den Mechanismus kannte, wie sein Verstand arbeitete, zu streiten begonnen hätte und angriffslustig gewesen wäre, nur um eine ihr entgegengesetzte Position einzunehmen.

Mit Bewusstheit war er dazu in der Lage, der Konfrontation auszuweichen.

Wir waren der Meinung, dass dieses Feedback für Susan äußerst wertvoll wäre, denn ihre Selbstwahrnehmung war die „einer reizenden alten Dame, die keiner Fliege etwas zuleide tun würde“. Sie war sich überhaupt nicht dessen bewusst, dass sie feste Ansichten für und gegen Dinge hatte, selbst bei scheinbar unwichtigen Themen, wie die Wahl eines Restaurants für das Mittagessen.

Als die Leute am nächsten Morgen eintrafen, erlebten wir eine weitere Interaktion zwischen Susan und einer anderen Teilnehmerin, die sehr vielsagend war. Helen erschien mit ihrem Lieblingsstrohhut, den sie vor Kurzem von engen Freunden geschenkt bekommen hatte. Da wir in der Nähe standen, hörten wir, wie Susan leise bemerkte: „Hübscher Hut!“

Helen war gerade damit beschäftigt, ihre Tasche abzustellen, und hörte die Bemerkung nicht. Sie begann in ihrer Tasche nach Kaugummi zu suchen und sagte. „Wo bist du? Ich weiß, dass du irgendwo hier drinnen bist.“ Kurz darauf fand Helen ihr Päckchen Kaugummi, steckte sich ein Stück in den Mund und ging zu ihrem Platz.

Später beschrieb Susan uns persönlich gegenüber ihre Erfahrung, was sowohl mit Alex als auch mit Helen passiert war. Zuerst sagte sie: „Es ist wirklich schade mit dem Mann, der das Problem mit dem Zorn hat.“

„Von welchem Mann sprichst du?“ fragten wir.

„Oh, dieser Alex. Offensichtlich ist er ein sehr zorniger Mensch. Ich habe nicht das Geringste beim Mittagessen getan, um ihn zu provozieren. Und Helen ist auch sehr beleidigend. In der Tat hat sie mir praktisch den Workshop verdorben.“

„Auf was beziehst du dich, Susan?“

„Nun, heute Morgen machte ich ihr ein Kompliment wegen ihres Hutes, und sie drehte sich beleidigt von mir weg und ignorierte mich völlig. Dann sagte sie im Flüsterton: ‚Ich trage diesen blöden Hut nur, weil es draußen heiß ist!‘“

Wir fielen aus allen Wolken. Wir waren Zeuge der Interaktion gewesen, und Susans Schlussfolgerung hätte nicht weiter von der Wahrheit entfernt gewesen sein können. Sie schrieb die Geschichte neu, um ihren Standpunkt auf Kosten ihrer Beziehung zu Alex und Helen richtigzustellen. Nun hegte sie Ressentiments gegen beide wegen Vorfällen, die nicht so geschehen waren, wie sie sich daran erinnerte. Susan hatte etwas genommen, das in der Tat nie passiert war, und sich selbst damit beleidigt. Der Gedanke an persönliche Verantwortung war ein fremder Begriff für sie. Susans Erfahrung wurde neu geschrieben, um die Umstände so umzugestalten, dass sie zu ihrem Standpunkt passten. Es wurde nun offensichtlich für uns, dass Megan mit sehr großer Wahrscheinlichkeit der Sündenbock für Susans falsche Lebensinterpretationen war.

Susan ging zunächst von der Voraussetzung aus, dass sämtliche Probleme in ihren Entwicklungsjahren die Schuld ihrer Eltern waren. Im weiteren Verlauf ihres Lebens erfuhr diese unreife Sichtweise sowohl gegenüber anderen Angehörigen als auch bei Fremden eine wiederholte Neuauflage. Susan war nicht bereit dazu, ihren lang gehegten Glaubenssatz in Frage zu stellen, dass sie das Opfer einer Reihe von unsensiblen Menschen war und selbst völlig unschuldig. Ihrer Meinung nach hatte sie keinen Anteil daran, irgendeine der Schwierigkeiten zu verursachen, mit denen sie bei ihrer Schwiegertochter oder irgend jemand anderem konfrontiert war.

Wenn du nicht gewillt bist, dir ehrlich anzuschauen und dir einfach bewusst darüber zu werden, welchen Anteil du daran hast, wie sich dein Leben dir zeigt, dann wirst du in deinem eigenen Leben fortwährend ein Opfer sein. Wenn du eine intakte Beziehung herstellen willst, musst du bereit dafür sein, ehrlich die Verantwortung für die Dynamik zu übernehmen, die du erzeugst. Hätte Susan beispielsweise den Mut gehabt, sich selbst als die zentrale Figur für ihren Erfolg oder Misserfolg in einer Beziehung zu sehen, dann hätte ihre Fähigkeit, eine Beziehung zu ihrer Schwiegertochter herzustellen, unmittelbar einen radikalen Wechsel zu Harmonie hin herbeiführen können. Weil Susan jedoch nur daran interessiert war, mit tadelndem Finger auf andere zu zeigen, sollte sie leider weiterhin schwierige Beziehungen haben.

7
DU BIST NICHT DEINE LEBENSGESCHICHTE

Wenn wir dich fragen würden, wo du aufgewachsen und in die Schule gegangen bist, oder uns nach deinen Lieblingsspeisen erkundigten, dann würdest du uns sehr ausführlich Antworten darauf geben können. Deine Geschichte enthält die Geschichte deines Lebens und deiner Beziehungen, und sie hebt die wunderbaren, positiven Erfahrungen ebenso wie die negativen hervor.

Die Menschen definieren sich selbst durch ihre Geschichten. Wenn du wissen möchtest, woraus deine Geschichte besteht, dann beginne auf die Etiketten oder inneren Gespräche zu achten, die du hast. Hier einige Beispiele für die Möglichkeiten, in welche Kategorien du dich selbst einordnen könntest:

Mann/Frau	dumm
Single	geschieden
Deutsche(r)	intelligent
nicht gut genug	Lehrer(in)
guter Zuhörer/gute Zuhörerin	missverstanden
aus einer zerrütteten Familie	Christ(in)-Jude/Jüdin-Muslim(in)
Alkoholiker(in)	nicht gut in Beziehungen
Mutter/Vater	zu dick

Natürlich verwenden wir hier nur eine sehr begrenzte Liste als Beispiel für einige der Etiketten, mit denen sich Menschen selbst kennzeichnen. Wenn du sie anschaust, wirst du feststellen, dass es viele Kennzeichnungen aus deiner eigenen Erfahrung gibst, die du hinzufügen kannst.

DEINE ETIKETTEN SCHRÄNKEN DICH EIN

Deine Geschichte begrenzt dich. Sie legt fest, was dir in deinem Leben möglich ist. Hat sie einmal ihren Platz eingenommen, erhält sich eine Geschichte selbst. Sie sammelt Beweise, um sich selbst als richtig zu bestätigen. Wir kannten einmal eine reizende junge Frau, Fran, mit einer Geschichte, dass sie nicht attraktiv sei und keiner sich mit ihr verabreden wolle. Als Folge davon bekam sie gar nicht mit, dass es Männer gab, die sich für sie interessierten. An einem Nachmittag saßen wir in einem hiesigen Gesundheitscenter zusammen mit Fran im Whirlpool, als ein junger Mann hereinkam und sich zu uns gesellte. Sein Interesse war offenkundig. Er fragte sie nach ihrem Namen, verwickelte sie in ein Gespräch und beachtete andere kaum oder gar nicht. Kurze Zeit später, nachdem er gegangen war, machten wir die Bemerkung, dass er ein netter Typ zu sein schien und dass es schön zu sehen war, dass er sich so zu ihr hingezogen fühlte. Fran fiel aus allen Wolken. Sie hatte weder irgendeine der Nuancen des Gesprächs noch irgendetwas von dem überdeutlichen Flirten bemerkt. Ihre Geschichte wirkte wie zwei Scheuklappen, die ausfilterten, was für jeden anderen offensichtlich war.

Ein Computer kann nur aus dem extrapolieren, was er bereits kennt, mit anderen Worten, aus der Information, die in ihm enthalten ist. Er kann sich nichts außerhalb des ihm bekannten Informationssystems vorstellen. Das Gleiche gilt für den menschlichen Verstand. Es ist unmöglich, sich Möglichkeiten außerhalb des Bekannten vorzustellen. In Frans Fall konnte sie sich nur eine mögliche Beziehung vorstellen, die mit ihrer Lebensgeschichte übereinstimmte, welche ihr suggerierte, dass Männer nicht an ihr interessiert wären. Daher filterte sie jene Dinge, die nicht dazu passten, vollständig aus.

Ein Grundsatz in der Quantenphysik erklärt, dass ein subatomares Teilchen überall im Universum gleichzeitig existieren kann. Ein Teilchen hat unendliche Existenzmöglichkeiten, bis es gemessen wird. Wenn es jedoch einmal gemessen ist, dann ist es durch diese Messung für immer definiert, und das ist dann seine einzige Möglichkeit. Auch Menschen haben unendliche Möglichkeiten für ihr Leben. Wie bei den subatomaren Teilchen schränkst du aber in dem Augenblick, in dem du dir selbst ein Etikett gibst, dein grenzenloses Potential auf die begrenzte Kennzeichnung ein, mit der du dich selbst definiert hast.

Nehmen wir uns einen Augenblick Zeit, um den Unterschied deutlich zu machen zwischen der *Tatsache,* dass du zum Beispiel ein Mann oder eine Frau bist, und der *Kennzeichnung* durch dein Geschlecht, das dann als Hauptquelle für deine Selbstidentifikation benutzt wird.

Shya ist ein Mann. Er kann die Ereignisse in seinem Leben entweder durch diese Sichtweise filtern und als Grund dafür verwenden, dass Dinge passieren, oder um seine Handlungen zu rechtfertigen: *Ich bin ein Mann, deshalb …,* oder aber er kann sein Leben als Mensch leben, der nun zufällig einmal dem männlichen Geschlecht angehört. Bei Ersterem diktiert und bestimmt sein Geschlecht die Interpretation seiner Lebenserfahrungen. Bei Letzterem bestimmt das Individuum, das er ist, sein Leben, und zufällig ist er ein Mann. Das eine lässt keine Verantwortung zu. Die Verantwortung wird dem Geschlecht zugeschoben, in dem er geboren wurde. *Weil ich ein Mann bin, deshalb behandeln mich die Leute so, wie sie es tun.* Das andere zieht etwas in Betracht, was Verantwortung genannt wird – die Fähigkeit, angemessen auf die Ereignisse zu reagieren, die in deinem Leben vorkommen.

Hier ein weiteres Beispiel, wie es dich begrenzt, wenn du eine Tatsache aus deinem Leben nimmst und sie als Etikett benutzt: Colleen ließ sich vor zwei Jahren scheiden, und die Trennung war schmerzlich. Als sie anfing, ihr Leben wieder auf die Reihe zu bekommen, schloss sie sich einer Scheidungs-Selbsthilfegruppe an, die aus Männern und Frauen bestand, welche den Scheidungsprozess durchmachten. Es war hilfreich zu wissen, dass sie in ihrem Schmerz und dem Gefühl von Verwirrung und Wut über die Auflösung ihrer Ehe nicht allein war. Die Gruppe hatte jedoch auch eine Begrenzung, die bald offensichtlich wurde. Ihre Dynamik war so beschaffen, dass Leute, die anfingen, sich zu verabreden und Spaß zu haben, ungern toleriert wurden. Es gab eine unausgesprochene Verpflichtung, Teil einer Gruppe von „Geschiedenen“ zu sein. Als Colleen sich zu verabreden begann, riet ihr die Gruppe von Freunden und Bekannten, die sie in der Scheidungs-Selbsthilfegruppe kennengelernt hatte, auf subtile und auch nicht so subtile Weise davon ab, sich in ihrem Leben weiterzuentwickeln. Sie stellte fest, dass sie in jener Gruppe nicht mehr willkommen war, sobald ihr Leben die Tatsache ihrer Scheidung zwar einschloss, aber nicht mehr zum Fokus machte. Sie entsprach nicht mehr den unausgesprochenen Regeln, dass sie leiden und wütend auf ihren Exmann sein musste und keine Freude an dem Prozess haben durfte, sich zu verabreden.

NACH DEN REGELN LEBEN

Du hast eine Geschichte über die Art und Weise, wie du bist, aber du hast auch eine Geschichte darüber, wie die Dinge sein sollten. Du besitzt ein System von Regeln, die dein Verhalten vorschreiben, und von diesen sind viele nie von dir betrachtet worden. Sie wurden dir gegeben oder von dir aufgestellt, als du jung warst. Dieses System schließt ein, wie man sich richtig in Beziehungen verhält; wie ein Mann sein sollte; wie eine Frau sein sollte … und wenn du blind nach diesen Regeln lebst, ist jede Beziehung zum Scheitern verurteilt.

Wenn du dich selbst in ein Schubfach steckst und die Regeln der gesellschaftlichen Konvention dein eigenes Verhalten bestimmen lässt, anstatt zu sehen, was deine individuelle Wahrheit ist, dann gibt es keine Möglichkeit für echten Selbstausdruck. Die kulturell auferlegten Vorschriften von richtigem männlichem oder weiblichem Verhalten, oder der Widerstand gegen solche Regeln, lenken dein Leben.

Während du aufgewachsen bist, hast du sich gegenseitig überschneidende Richtlinien bekommen, die in Konflikt miteinander stehen. Hier ein Beispiel:

Neulich benutzten wir einen Aufzug und drückten den Knopf für die Eingangshalle. Zwei Etagen tiefer stieg eine Frau in den Fahrstuhl ein. Es schien sich um eine leitende Angestellte zu handeln, die in dem Gebäude beschäftigt war. Bevor wir die Eingangshalle erreichten, hielt der Fahrstuhl erneut und einige Männer stiegen ein. Als wir das Parterre erreichten, war die Frau irritiert darüber, dass die Männer nicht zur Seite traten, um sie zuerst aussteigen zu lassen. Wenn du sie fragen würdest, dann würde sie dir wahrscheinlich erzählen, dass sie gleichberechtigt behandelt werden möchte und es nicht mag, wenn jemand herablassend zu ihr ist, weil sie eine Frau ist. Doch sie hat auch unerforschte Verhaltensnormen, die im Konflikt zu ihrer Erfahrung als Individuum stehen. Diese Art von Konflikt kann die Möglichkeit zerstören, eine wundervolle Beziehung zu haben. *Ich möchte eine selbständige Frau sein, aber warum hast du mir nicht die Tür geöffnet?*

Diese Regeln, die kulturell aus der Vergangenheit übernommen sind, mögen für dich als Individuum nicht relevant oder richtig sein. Wenn du sie auf Beziehungen anwendest, wirst du dich immer unangemessen verhalten. Um sich angemessen zu verhalten, muss man sich selbst davon überzeugen, was in jedem Augenblick richtig ist, und keine Regel anwenden. Wenn du in den Augenblick gelangst, wirst du immer noch deine Lebensgeschichte haben, aber sie verliert ihre Macht über dich.

EINE TRANSFORMATIVE SICHTWEISE

Die Realität ist eine Funktion der Übereinstimmung. Mit anderen Worten: Wenn genügend Menschen übereinkommen, dass etwas wahr ist, dann wird es durch Übereinkunft zur Wahrheit. Letztendlich mag es nicht fehlerfrei sein, aber für den Augenblick, dank der allgemeinen Meinung, ist es das. Zum Beispiel gab es eine Zeit, wo jeder wusste, dass die Welt eine Scheibe war. Dies war die vorherrschende Sichtweise und wurde für die Wahrheit gehalten. In unserer heutigen Welt gibt es die Sichtweise, dass wir das Resultat aus unserer Erziehung und unseren Erfahrungen sind und dass diese Erfahrungen nicht nur das geformt haben, was wir sind, sondern auch darüber bestimmen werden, was uns in der Zukunft möglich ist. Von dieser Sichtweise aus ist unser Leben durch das, was in unserer Vergangenheit passiert ist, vorherbestimmt. In der Tat hat unsere Lebensgeschichte, wenn sie unbetrachtet gelassen wird, ultimative Macht über uns.

Wir würden gern eine andere Möglichkeit anbieten: eine transformative Sichtweise. Aus einem transformativen Blickwinkel ist es möglich wahrzunehmen, dass du eine Geschichte oder eine Vorstellung davon hast, wer du bist, aber du brauchst nicht zu glauben, dass diese Vorstellung die Wahrheit ist.

Was ist, wenn deine Geschichte tatsächlich nichts damit zu tun hat, wie du dein Leben lebst oder wie gut du von diesem Moment an Beziehungen herstellst? Genau das ist erforderlich. Du wirst darauf achten müssen, genau zu erkennen, wie viel von jener Geschichte eigentlich eine Beschwerde ist. Du wirst wahrnehmen müssen, wie dein inneres Gespräch sich über das Leben beschwert und sich selbst dafür rechtfertigt.

Hier einige Beispiele, wie das Gespräch, dem du zuhörst und das du zu sein glaubst, sich anhören könnte:

> Ich bin deprimiert, weil es regnet.
> Ich will eigentlich sowieso keine Beziehung.
> Meine Eltern haben mich falsch großgezogen.
> Ich bin ganz durcheinander, weil mein Freund mich verlassen hat.
> Allein geht es mir besser.
> Ich tauge nicht dazu, mich zu verabreden.
> Ich bin chaotisch, weil ich aus einer gestörten Familie komme.
> Für eine Beziehung bin ich nicht geeignet.

Wenn du deine Bewusstheit auf das Gespräch richtest, dem du zuhörst, dann wirst du bestimmte Denkmuster zu erkennen beginnen, die du früher für wahr gehalten hast. Um es noch einmal zu wiederholen: Bewusstheit ist ein unvoreingenommenes Sehen dessen, was ist. Bewusstheit ermöglicht Erkenntnis. Erkenntnis führt zu Lösungen. Wenn du Denkmuster erkennst und das, was du entdeckst, nicht für richtig oder falsch hältst (nochmals, Bewusstheit ist ein unvoreingenommenes und wertungsfreies Sehen), wirst du nicht an diese Gedanken glauben oder dich damit beschäftigen müssen.

Deine Geschichte loszulassen wird Mut erfordern, eine Menge an Mut, weil dir die Geschichte vertraut ist. Sie ist wie ein alter Freund, der schon immer für dich da gewesen ist. Die Geschichte ist das Bekannte. Doch mit Mut kannst du dein eigener Kolumbus sein – unterwegs, um eine ganz neue Welt zu entdecken.

Wenn du dich von deiner Geschichte freimachst,
werden die Fakten deiner Vergangenheitnicht
mehr das bestimmen oder begrenzen,
was für dich jetzt möglich ist.

Sams Geschichte

Wir haben einen Freund, Sam, der eine außerordentliche Geschichte hat. Sam wurde mit einem schweren Hörfehler geboren, 95 Prozent Hörverlust im einen und 75 Prozent im anderen Ohr. Seit dem Säuglingsalter hat er Hörgeräte getragen. Trotz dieser Situation konnte er eine relativ normale Kindheit verleben. Er besuchte eine öffentliche Schule, hatte Freunde, sah fern, spielte Fußball und war mit Aktivitäten beschäftigt, die man von einem „normalen" Jungen erwarten würde. Bis zu dem Zeitpunkt, als Sam in die 6. Klasse kam, war seine Geschichte alles in allem ganz in Ordnung, aber die Dinge sollten sich auf radikale Weise dramatisch verändern.

An einem Herbsttag, als sein Stiefvater ihn für die Schule wecken wollte, weigerte Sam sich aufzustehen. Selbst als sein Stiefvater ärgerlich wurde, hörte Sam nicht damit auf, „herumzualbern". Er blieb einfach liegen.

Es stellte sich heraus, dass am Vortag, als Sam mit seinen Kumpels Fußball gespielt hatte, er und ein anderer Junge mit den Köpfen zusammengestoßen waren. Obwohl der Stoß im Moment des Aufpralls nicht so erheblich gewesen zu sein schien, hatte er die Folge, dass Sam an jenem Morgen nicht aufstand, weil er im zarten Alter von elf Jahren einen schweren Schlaganfall erlitten hatte, der seine gesamte rechte Körperseite gelähmt hatte.

Sam musste nun alles nochmals neu lernen, wie beispielsweise zu krabbeln, zu laufen und zu sprechen. Vor dem Schlaganfall war er Rechtshänder; nun musste er lernen, alles mit seiner linken Hand zu tun. Bis zum heutigen Tag hat Sam in seinem rechten Arm eine krampfartige Lähmung.

Ganz schön heftige Geschichte, stimmt's? Natürlich passierte noch viel mehr auf Sams Weg durch die Pubertät zum Erwachsenenalter, allein dies gibt dir einen Eindruck davon.

Als wir unseren Freund kennenlernten, wurde er durch seine Geschichte definiert. Sie machte ihn zu etwas Besonderem, brachte ihm Beachtung ein und war eine unwiderstehliche Ausrede dafür, keine Beziehung und kein großartiges Leben zu haben.

Als wir Sam zuerst trafen, war er ungepflegt, arbeitslos und bekam staatliche Unterstützung als Behinderter. Er war grob, und wenn die Leute auf sein Verhalten reagierten, dachte er gewöhnlich: *Sie lehnen mich ab, weil sie voreingenommen gegen Behinderte sind.* Es kam ihm nie in den Sinn, dass er vor allen Dingen aus seiner eigenen Voreingenommenheit gegen sich selbst heraus Menschen ablehnte.

Sobald Sam damit anfing, die Etiketten fallen zu lassen, durch die er sich selbst definierte, und Bewusstheit in seine Einstellung, seine Handlungen und Verhaltensweisen brachte, war er dazu fähig, Situationen objektiv und ehrlich zu betrachten. Er interessierte sich mehr für andere Menschen und dafür, Freunde zu haben und produktiv zu sein, als seine Geschichte fortzusetzen.

Heute ist Sam kein Behinderter mehr. Er ist glücklich verheiratet und ein erfolgreicher Möbeldesigner und -bauer. Übrigens hat er immer noch jene Lähmung und den Hörverlust.

Sam war es gewohnt, sich hinter seinen Behinderungen zu verstecken. Mittels Bewusstheit entdeckte er, dass er selbst etwas mit der Interaktion von anderen Menschen mit ihm zu tun hatte. Folgendes hat er darüber zu sagen:

„Ich war 28, als ich endlich Marie begegnete, die jetzt meine Frau ist. Vor dieser Zeit hatte ich nur eine Freundin, und das nicht länger als drei Wochen. Ich verabredete mich kaum einmal. Ich sagte mir, dass ich mich nicht verabreden könnte, weil ich behindert war und Mädchen mich nicht mögen würden. Auf dem College gab es viele Mädchen, die sich für mich interessierten, das kann ich euch versichern, aber es passte nicht zu meiner Geschichte.

Ich konnte einfach nicht hören, dass Menschen an mir interessiert waren, und zwar nicht, weil ich schwerhörig bin. Es lag daran, dass ich sehr an der Geschichte festhielt, behindert und benachteiligt zu sein. Manchmal gab ein Mädchen mir ihren Namen und ihre Telefonnummer, aber ich rief sie gewöhnlich nicht an, weil ich dachte, dass sie sich einen Scherz erlaube. Es passte einfach nicht zusammen. Ich dachte: *Wer würde sich schon mit mir verabreden wollen?* Oft stieß ich in meinen Sachen auf Papierschnitzel mit Namen und Telefonnummern von Mädchen, konnte es mir aber einfach nicht zusammenreimen. Ich rief sie nicht an. Ich hielt an meiner Geschichte fest.

Bei den wenigen Verabredungen, die ich hatte, glaubte ich, meine Lebensgeschichte erzählen zu müssen, und das stieß die Mädchen wirklich ab. Wenn ich auf diese Zeit zurückblicke, dann frage ich mich: *Was habe ich mir bloß dabei gedacht?*

Als ich anfing, mich mit Marie zu verabreden, kann ich mich wirklich nicht daran erinnern, wer den anderen zuerst ansprach. Wenn wir anfangs verschiedener Meinung über etwas waren, dann trat die Geschichte in Aktion: *Das kann ja nicht klappen, weil ich benachteiligt bin,* oder: *Sie wird ja nicht wirklich mit mir zusammenbleiben wollen, weil ich behindert bin.* Heute aber, nach 10-jähriger Ehe, taucht das kaum noch auf und dann nur für einen Augenblick. Meine Geschichte ist wirklich nicht mehr relevant."

Sams Frau Marie ist eine schöne und intelligente Frau. Sie kommt ursprünglich aus Frankreich und hat ihr Studium an der Sorbonne in Paris mit „summa cum laude" abgeschlossen. Sie unterrichtet Französisch und arbeitet in der Administration einer privaten High School. Bevor Sam Bewusstheit in sein Beziehungsverhalten brachte, wäre sie mit Sicherheit „zu gut für ihn" gewesen. Wenn Marie Interesse für ihn gezeigt hätte, dann hätte er angenommen, dass noch eine weitere Frau „sich nur einen Scherz erlaubte".

ES GIBT KEINE GLÜCKLICHEN OPFER

Der Definition nach ist ein Opfer jemand, der auf irgendeine Weise von einem anderen oder von den Lebensumständen schlecht behandelt wird. Hast du jemals ein glückliches Opfer gesehen? Eine der Voraussetzungen dafür, ein Opfer zu sein, besteht darin, traurig oder demoralisiert oder durcheinander zu sein. Häufig machen wir uns selbst dadurch zu Opfern, dass wir auf unsere eigenen Gedanken hören und glauben, dass das, was wir uns selbst erzählen, wahr ist. Beispielsweise sagte Sam sich immer wieder, dass er aufgrund seiner

Behinderungen ein Opfer sei. Als er anfing, Bewusstheit in seine inneren Gespräche und sein Verhalten zu bringen, begannen sich jene negativen Formen der Beziehung aufzulösen.

Der Wechsel geschah unmittelbar und er war progressiv. Als er ehrlich zu sich selbst war, wie unangemessen er sich gegenüber anderen benahm, hörten jene negativen Formen seines Beziehungsverhaltens praktisch über Nacht auf. Als er zu erkennen begann, dass die Kennzeichnungen, mit denen er sich selbst abgestempelt hatte, begrenzend waren, fing er an, sein Leben zu leben, anstatt sich bei sich selbst darüber zu beklagen, warum er keines haben konnte.

Du könntest dies nun lesen und sagen: *„Aber du verstehst nicht, ICH BIN ein Opfer. Ein schreckliches Ereignis hat in meinem Leben stattgefunden."* Vielleicht ist das ja wahr, aber was nun?

Unglückliche Ereignisse passieren,
doch deine Lebensqualität hängt völlig davon ab,
wie du damit umgehst.

Selbst wenn du aus einer zerrütteten Familie oder einer missbräuchlichen Beziehung kommst, kannst du immer noch eine wundervolle Beziehung durch Bewusstheit und dadurch herstellen, dass du dein Leben aus diesem Augenblick des Jetzt heraus lebst.

Erinnerst du dich an Sam? Wir müssen dir noch ein weiteres Puzzleteil aus seiner persönlichen Geschichte erzählen. Bevor er uns kennenlernte, bestand ein großer Teil seiner Geschichte darin, dass er ein Opfer von sexuellem Missbrauch war. Und das war er auch. Im Alter von sechs bis sechzehn Jahren hatte ein Mann ihn regelmäßig sexuell missbraucht. Damit Sam die Beziehung haben kann, die er heute hat, musste er den Mut haben, damit aufzuhören, jenen Missbrauch als Rechtfertigung dafür zu benutzen, keine wundervolle Beziehung herstellen zu können. Er musste willentlich die Vorstellung aufgeben, dass er durch jene traumatischen Vorfälle in seiner Kindheit dauerhaft geschädigt war.

DIE DREI PRINZIPIEN DER TRANSFORMATION UND DEINE LEBENSGESCHICHTE

Greifen wir die drei Prinzipien der Transformation in Verbindung mit deiner Lebensgeschichte wieder auf. Erstens: Das, wogegen du dich wehrst, bleibt bestehen. Daher wird alles, wogegen du dich in deiner Lebensgeschichte gewehrt hast, wie beispielsweise die Scheidung deiner Eltern oder deine eigenen gescheiterten Beziehungen, bestehen bleiben und dazu tendieren, dein Leben zu beherrschen. Als Nächstes: Zwei Dinge können nicht denselben Raum zur selben Zeit einnehmen. So wie bei Sam, je mehr er seiner Geschichte zuhörte, dass niemand mit ihm zusammen sein wollte, desto mehr sammelte er Beweise dafür, um diese Sichtweise als richtig zu bestätigen. Seine Voreingenommenheit durch seine Geschichte hinderte ihn daran zu sehen, was genau vor seiner Nase war – erreichbare, interessierte Frauen. Das dritte Prinzip lautet: Alles, was du genauso sein lässt, wie es ist, wird sich selbst vollenden und seine Macht über dein Leben verlieren. Als Sam es sich zugestand, seine Geschichte zu haben, ohne sich dagegen zu wehren, sie zu beurteilen oder daran zu glauben, begann er sich aus seiner eigenen unglücklichen Erzählung herauszuziehen.

Du kannst entweder recht mit deiner Geschichte haben, oder du kannst ein Leben haben und die Möglichkeit für wundervolle Beziehungen schaffen.

Übungen: Du bist nicht deine Lebensgeschichte

1. Wenn du deinen Tag angehst, achte auf die Art und Weise, wie du dich selbst einstufst oder etikettierst.
2. Achte auf die Regeln, die du dafür hast, wie man sich in Beziehungen verhält. Wir haben zum Beispiel einige Frauen kennengelernt, die die Regel haben: „Frauen sollten nie als Erste einen Mann anrufen. Warte darauf, dass er dicht anruft."
3. Achte darauf, wenn du deine Lebensgeschichte dafür benutzt, um deine gegenwärtigen Handlungen zu rechtfertigen.
4. Achte darauf, wenn du deine Lebensgeschichte und deine persönliche Geschichte als Rechtfertigung dafür benutzt, Dinge

nicht zu tun, von denen du behauptest, dass du sie nicht tun möchtest.

Hier ein Beispiel, worauf zu achten ist: Wir haben einmal einen Mann Mitte dreißig kennengelernt, der selten sein Bett machte. Er behauptete, dass seine Mutter ihm das niemals gezeigt hätte.

8

DERJENIGE, DER ZUHÖRT

Deine Lebensgeschichte existiert in deinen mentalen Kommentaren über dich selbst und deine Lebensumstände. Schließe dich uns an, wenn wir jetzt wieder zu dem New Yorker Montagabend-Seminar zurückkehren, beschrieben aus Ariels Sicht. Komm und erforsche mit uns und den anderen Teilnehmern unseren transformativen Ansatz, um wundervolle Beziehungen zu schaffen. Dies ist auch eine Gelegenheit, weiter zu untersuchen, auf welche Weise du dich selbst in bestimmte Schubfächer steckst.

DAS ALTE BAND LÄUFT IMMER WIEDER AB

Einen Augenblick lang wurde es an jenem Montagabend sehr still im Raum. Nun, es war tatsächlich länger als nur ein Augenblick. Manchmal, wenn das Thema, das wir diskutiert haben, zu einem natürlichen Abschluss kommt, gibt es eine Lücke. Wenn das passiert, dann wird das Schweigen ohrenbetäubend, weil die Menschen in ihren Köpfen angestrengt nach etwas suchen, das sie als Nächstes tun oder sagen sollen. Natürlich ist das dieselbe Lücke, die vor den meisten Schöpfungsakten eintritt oder ehe man sich auf etwas Neues und Herausforderndes einlässt. Es ist der Zeitpunkt, wo der Verstand eingreift und dir all seine Gründe nennt, warum du der vor dir liegenden Aufgabe nicht gewachsen bist oder warum du dieses Risiko nicht eingehen solltest. *Du bist zu dick,* flüstert er, *du könntest zurückgewiesen werden. Du bist zu alt* oder *zu jung,* wiederholt er heimtückisch. *Du brauchst es gar nicht erst versuchen, du bist untauglich. Du könntest dumm aussehen!*

In unseren Abendsessions sind diese ruhigen Augenblicke die Zeiten, wo viele mit dieser inneren Stimme und dem Gedanken zu kämpfen haben, dass das, was sie zu sagen haben, dumm, langweilig oder unbedeutend sein könnte. Die Leute befürchten, dass andere das, worüber sie sich Sorgen machen, unwichtig finden könnten, oder sie haben Angst davor, etwas Negatives über sich selbst herauszufinden.

Als wir an jenem Abend dort saßen, unsere Augen auf den Boden gerichtet, wie um den bereits wachsenden inneren Druck der Gruppe nicht noch weiter anzuheizen, fiel mir ein Film ein, den ich mir öfter aus der Schulbücherei auslieh, als ich in der vierten Klasse war. Die Technik war damals noch eine ganz andere. Sie war weitaus weniger entwickelt als das, was heute erhältlich ist, doch für mich mit neun Jahren war sie nichtsdestoweniger spannend.

In einem dunklen Nebenraum im Kellergeschoss der Bücherei der Grundschule von West Gresham saß ich an manch einem Morgen und schaute auf die kleine Leinwand. Vermutlich gab es viele auf Filmkassetten aufgenommene Themen zum Anschauen für uns, aber eine bestimmte kurze Darstellung regte meine Phantasie an. Mit Zeitrafferaufnahmeverfahren gefilmt spross eine Pflanze, wuchs, trieb Knospen aus und erblühte schließlich zu einer herrlichen roten Rose, auf der Tautropfen glitzerten. Welch eine faszinierende Bilderfolge!

In diesem System lief die Kassette wie eine Schleife. Sobald die Rose voll erblüht war, wurde der Betrachter unvermittelt an den Anfang zurückversetzt, weil die Kassette wieder von vorne begann. Da sie zu einer Schleife zusammengeklebt war, konnte man sie nicht zurückspulen. Sie wurde einfach als fortlaufender Kurzfilm gespielt, und ich sah sie mir immer wieder an.

Nicht nur die Technik war damals weniger entwickelt, auch ich war es. Bei mehreren aufeinanderfolgenden Ausflügen in die Bücherei stellte ich meinen eigenen Forschungsversuch mit dieser prächtigen roten Rose an. Ich betrachtete diese Kassette viele, viele Male, hoffte, wartete und achtete darauf, ob die Rose sich veränderte. Ich studierte sie wie gebannt, um zu sehen, ob ich einen Unterschied in der Blume erkennen konnte, während sie wuchs. Ich wollte wissen, ob sich das Blatt auf der linken Seite zuerst entrollen würde oder ob vielleicht die Blüte einen blasseren Rotton hätte. Immer wieder schaute ich mir jene Bandschleife an. Irgendwie hatte ich nicht verstanden, dass es vorher festgelegt, vorher aufgenommen und das Ende mit dem Anfang verbunden war, so dass es keine Möglichkeit für eine Veränderung gab. Ich glaube, ich begriff den Gedanken nicht, dass diese Schleife bereits vollendet war, in der Vergangenheit von irgendeiner anderen Person fertiggestellt, zu irgendeiner anderen Zeit, an irgendeinem anderen Ort. Die Filmkassette der Rose war so faszinierend, dass ich glauben wollte, sie wäre gegenwärtig lebendig, und brennend wünschte ich mir zu sehen, dass sie sich veränderte.

Als Shya und ich dasaßen und darauf warteten, dass die nächste tapfere Seele etwas sagen würde, wusste ich aus Erfahrung, dass sich viele im Raum ihren eigenen inneren Bandschleifen gegenübersahen. Diese unwiderstehlichen mentalen Aufzeichnungen stehen zur Betrachtung zur Verfügung, wenn immer wir im Begriff sind, uns auf eine Herausforderung einzulassen, die einen Sprung ins Unbekannte verlangt. Dies ist der Augenblick, wenn das Tonband die vertrauliche Botschaft *Mache dich nicht lächerlich* abspielt oder irgendein altes peinliches Ereignis aus der Schule wieder aufleben lässt. Da die meisten nicht verstanden haben, dass diese Tonbänder immer gleich bleiben, warten sie darauf, dass die Schleife sich ändert, ehe sie sich selbst die Erlaubnis geben, sich mit Leidenschaft in ihr Leben zu stürzen. In vielen Fällen habe ich erlebt, wie Menschen enttäuscht von sich selbst waren, weil sie dachten, sich über solche alten begrenzten Vorstellungen und negativen Gedanken bereits hinausentwickelt zu haben. Sie haben das Konzept nicht begriffen, dass diese Gedankenschleifen bereits vollendet waren, in der Vergangenheit von einer jüngeren Version ihrer selbst fertiggestellt, zu irgendeiner anderen Zeit, an irgendeinem anderen Ort. Als wir dort saßen, konnte ich spüren, wie die Menschen einer alten Geschichte über sich selbst zuhörten, so als wäre es ein gegenwärtiges Geschehen.

Ich wagte einen verstohlenen Blick auf diejenigen, die dort saßen, und wusste, dass viele nicht erkannten, dass sie ein Video anschauten und einer Reihe von Tonbandaufnahmen zuhörten. Für viele Leute gibt es keinen Unterschied zwischen der Stimme, der sie zuhören, und sich selbst. Einmal kam Mindy zu uns, eine hochkarätige New

Yorker Rechtsanwältin, der wir etwa ein Jahr vorher zum ersten Mal begegnet waren.

„Shya, Ariel, ich muss euch etwas wirklich Komisches erzählen", meinte sie. „Wisst ihr, wie ihr uns immer sagt, dass die Stimme, die wir in unseren Köpfen hören, nicht wir selbst sind? Mir ist gerade etwas klar geworden. Als ich zum ersten Mal zu einem Abend kam und ihr diesbezüglich etwas sagtet, saß ich in der hintersten Reihe und dachte: *Welche Stimme denn? Ich verstehe nicht, wovon ihr sprecht. Ich habe keine Stimme. Ich höre nichts.* Mir ist gerade aufgegangen, dass es das war, worüber ihr spracht. Das ganze Gespräch, das ich im Stillen mit mir führte, war die Stimme, auf die ihr euch bezogen habt. Ich brauchte eine Weile, bevor es mir dämmerte, dass dieser Kommentar überhaupt nicht ich selbst war, sondern bloß ein Gespräch, dem ich zuhörte."

„Ahh", sagte Shya zu ihr, „das ist schön für dich. Jetzt hast du es kapiert. Das Leben ist wie ein Film, und dein innerer Kommentar ist wie der Soundtrack, der als Tonstreifen entlang des Films gelegt wird. Er ist kein Teil des Films, sondern etwas, das hinzugefügt wird."

„Okay, Mindy", sagte ich schmunzelnd, „ich habe ein Rätsel für dich. Wenn du nicht die Stimme in deinem Kopf bist, wer bist du dann?"

Mindys Augen glitten prüfend über die Decke, während sie die Frage überdachte. Ihre Lippen bewegten sich leicht, als sie die Worte lautlos nachbildeten: „Wenn du nicht die Stimme in deinem Kopf bist, wer bist du dann?"

„Ich weiß es nicht", sagte sie langsam. „Ich vermute, du könntest sagen, wenn ich nicht die Stimme bin, die spricht, dass ich dann diejenige sein muss, die zuhört. Ich bin die Person oder das Wesen, diejenige, die dem Kommentar zuhört."

Ich erinnere mich, dass wir alle lächelten, als sie die Lösung fand. Wir standen einfach nur da und genossen einen Augenblick lang gegenseitig unsere Gesellschaft, während unsere kollektiven Stimmen in uns ziemlich still wurden.

Die Stille an jenem Montagabend war jedoch alles andere als ruhig. Sie war mehr wie ein Fluss, der anschwoll, und während die Oberfläche noch glatt ausgesehen haben mochte, existierte darunter eine tosende Strömung.

Als ich ein Kind war, hieß eines der Bücher, das meine Mutter mir zur Schlafenszeit vorlas „Die Kleine Lokomotive, die es schaffte". Das ist die Geschichte von einem Zug, der versucht, genug Dampf zu erzeugen, um eine schwere Ladung über einen Berg zu bringen. Er beginnt puffend daherzuschuckeln und sagt: „Ich denke, ich kann es, ich denke, ich kann es", und schließlich sagt er: „Ich weiß, ich kann es, ich weiß, ich kann es", und am Ende schafft es die Kleine Lokomotive.

Als die nervöse Unruhe zunahm, wusste ich, dass der Wunsch von jemand zu reden bald die inneren Tonbänder aufwiegen würde. Ich hätte schwören können, dass ich hörte, wie die Kleine Lokomotive näher kam. Vielleicht konnte ich den Dingen etwas nachhelfen.

„Nun, wir müssen nicht bis zehn Uhr bleiben. Wir können jederzeit früher aufhören, wenn es nichts mehr gibt, über das ihr reden wollt." Ich tat mein Möglichstes, um diese Erklärung mit einer ernsten Miene zu verkünden, aber es gelang mir nicht ganz.

„Nein, nein, nein! Ich will über etwas reden. Ich glaube, ich fange besser damit an."

Als Linda, eine große, schlanke Frau Ende dreißig, zu sprechen begann, konnte ich erraten, dass sie ziemlich aufgewühlt war. Natürlich ist es nicht schwer, das bei ihr zu erraten. Linda wurde in Deutschland geboren, und obwohl sie die meiste Zeit ihres Lebens als Erwachsene in Amerika gelebt hat, kann man ihre Herkunft noch immer an ihrem Akzent erkennen. Wenn sie aufgewühlt oder anderweitig erregt ist, wird der Akzent ausgeprägter.

„Shya, Ariel, ich muss über etwas reden, das mich wirklich beunruhigt."

Und ich vermutete, dass, was immer „es" war, sie wirklich störte, denn während sie dies sagte, wurde ihr Gesicht kreidebleich. Dies ist einer von Lindas gar nicht so subtilen visuellen Anhaltspunkten, wenn ihr etwas im Kopf herumgeht. An jenem Abend aber war, obwohl ihr Gesicht bleich war, ein Feuer in ihren Augen.

„Ich habe Verabredungen mit Dan und ich genieße es wirklich. Ich habe mich noch nie so gut in meinem Leben gefühlt."

„Und das ist wirklich beunruhigend für dich?", erkundigte sich Shya mit scheinbarer Ernsthaftigkeit.

„Nein!", sagte sie mit einem lautlosen Lachen, während sie Dan anblickte. Ihre aufkeimende Romanze machte mir großen Spaß, weil es zwei wirklich tolle Menschen sind, die gedacht hatten, dass mit ihnen etwas nicht stimmte. Sie waren vorher nie richtig verliebt gewesen, zumindest nicht auf die Art und Weise, wie sie es in diesem Augenblick miteinander waren. Bevor sie uns trafen, hatten sie sich so ziemlich mit der Tatsache abgefunden, dass es nie klappen würde, eine Beziehung einzugehen.

„Vor ein paar Wochen hast du mir eine Herausforderung gestellt, Ariel."

„Habe ich das?"

„Ja, eigentlich ihr beide. Ihr habt gefragt: ‚Wieweit bist du dazu bereit, es dir gut gehen zu lassen?' Und wisst ihr was? Es hat mich verrückt gemacht. Ich habe damit angefangen, sämtliche kleinen Methoden wahrzunehmen, wie ich mich selbst sabotiere. Versteht ihr, wie nur ein paar Minuten zu spät zu einem Treffen zu kommen, bei dem ich versprochen hatte, pünktlich zu sein, so stehe ich dann wegen der ganzen Sache ein wenig unter Stress. Oder wie bei Dan."

„Was ist mit ‚bei Dan'?", neckte Shya sie leicht, wobei er dieselbe Wendung wie Linda benutzte, was die Ernsthaftigkeit minderte und wieder ein Lachen auf ihr Gesicht zurückbrachte.

Ich glaube, jetzt wäre ein guter Zeitpunkt, um Lindas Lachen zu beschreiben. Es ist offen und ansteckend. Wenn alle von uns ein Gesicht hätten, das unsere Gedanken und Gefühle so gut wie Lindas ausdrücken würde, dann wäre die Welt ein Ort, wo es sich viel leichter leben ließe, weil es so wenige Geheimnisse gäbe.

„Wisst ihr", fuhr Linda fort, „es macht einfach keinen Sinn für mich. Ich meine, Dan liebt mich. Er liebt mich wirklich, und das widerspricht jeder Geschichte, die ich mir jemals darüber erzählt habe, wer ich bin. Manchmal ertappe ich mich dabei, dass ich bloß den Wunsch habe, von dieser Intensität wegzukommen. Ich ertappe mich dabei, dass ich hart zu ihm bin, und obwohl ich meine Gemeinheit sehe, wenn ich es tue, kann ich anscheinend nicht anders."

Während Linda weiter darüber sprach, wie ihre Gefühllosigkeit Intimität verhinderte, blickte Dan sie weiter voller Wärme und Humor an; für mich sah es so aus, als wäre er stolz darauf, in ihrer Gesellschaft zu sein.

„Warte mal einen Augenblick, Linda."

Sie hörte mitten im Satz auf und sah mich blinzelnd an. „Ja?"

„Hast du uns jemals zu dir sagen hören, nicht so streng mit dir zu sein?"

„Ja, das habe ich, aber ich habe Angst davor, dass ich, wenn ich nicht aufpasse, die Beziehung verpatzen werde."

„Hast du Dan gefragt, wie es gewesen ist, mit dir zusammen zu sein?" fragte Shya.

„Nein." Etwas nervös richtete Linda ihren Blick auf Dan und begegnete seinem; die Liebe zwischen ihnen war nicht zu leugnen. Ihre Schultern begannen sich zu entspannen.

Dan neigte seinen Kopf und sagte mit klarer Stimme: „Mach dir keine Gedanken, Linda, ich gehe nirgendwo anders hin. Und wenn, dann nur, weil ich dir folge."

Die meisten Leute im Raum begannen gemeinsam mit Linda und Dan mehr in sich zu ruhen, doch ich bemerkte ein anderes Paar auf der linken Seite, das angespannt und starr wurde.

Hmm, dachte ich, *dort drüben braut sich etwas zusammen.*

Während Linda und Dan Händchen hielten, taten Shya und ich unser Möglichstes, einiges von dem potenziellen Trauma im Prozess ihres Beziehungsaufbaus kurzzuschließen.

„Linda", begann Shya, „ich habe ein paar Fragen an dich. Ist dies die beste Beziehung, die du bisher gehabt hast?"

Das war eine einfache Frage. Die Antwort zeigte sich blitzartig mit einem Lächeln auf ihrem Gesicht: „Ja, absolut!"

„Gut. Wie ist es mit der Kommunikationsebene, wie läuft es da?"

„Nun, wisst ihr, es fällt mir leichter, mit Dan zu sprechen, als mit jeder anderen Person, die ich je gekannt habe."

Das Paar auf der linken Seite wirkte immer angespannter. *Ahh, da ist etwas, worüber sie nicht kommuniziert haben.*

„Du hast Glück", fuhr Shya fort, „zumindest werden dir deine mechanischen Verhaltensweisen schon frühzeitig in der Beziehung bewusst. Die meisten Menschen erkennen nicht, was sie tun, bis sie heftige Gefühle gegenüber ihrem Partner aufgebaut haben, die sie dann abarbeiten müssen."

Mittlerweile wusste ich, dass auch Shya das Paar auf der linken Seite bemerkt hatte und gleichzeitig mit Linda und Dan auch zu ihnen sprach. Das schien auch zu funktionieren, weil er offenbar eine Resonanz bei ihnen auslöste. Aus genau diesem Grund mag ich Gruppen. Manchmal ist es so viel leichter für jemand, ein Problem dingfest zu machen, wenn er oder sie nicht direkt angesprochen wird. Lindas Bereitschaft, sich offen zu zeigen, hatte ohne ihr Wissen eine starke Wirkung auf andere.

„Früher hast du dich zurückgezogen, Linda", fuhr Shya fort, „und hast das nicht einmal gemerkt. Du hast gedacht, dies sei bloß ein Teil deiner Persönlichkeit oder Verhaltensart. Nun ertappst du dich dabei, wie du dich zurückziehst, während es passiert. Falls du dich nicht deswegen bestrafst, wenn du siehst, dass du dich abwendest, dann öffnest du dich. Beim nächsten Mal, wenn du schnippisch wirst, könntest du dir vielleicht dessen bewusst werden, bevor du etwas Verletzendes sagst oder bevor du dich zurückziehst."

„Linda", sagte ich, „Dan ist nicht dein Opfer. Ich wette, wenn du mit ihm darüber sprichst, wirst du feststellen, dass er sich etwa zur gleichen Zeit zurückzieht wie du. Er könnte sogar absichtlich etwas tun, um dich wegzutreiben, damit auch er eine gewisse Erholung von der Intensität der Beziehung haben kann."

„Das stimmt", gab Dan zu. „Tatsächlich habe ich gar nicht bemerkt, dass du dich zurückgenommen hast; aber in meiner letzten Beziehung habe ich viele Dinge getan, die meine Partnerin ärgerten."

Lindas Gesicht erhellte sich, während ihr ein Gedanke kam. „Ja, tatsächlich gibt es etwas, das du tust, was mich etwas gereizt macht. Ich hasse es, wenn du mich bemutterst. Ich meine, manchmal habe ich das Gefühl, dass du auf mich achtgeben willst, und ich möchte das aber gar nicht."

Am Ende des letzten Satzes sah sie angestrengt aus, ihre Gesichtszüge wirkten aufgewühlt und Dan sah besorgt aus, so als wäre er in Schwierigkeiten.

„Okay, also tragt ihr beide euren Teil zu der Dynamik eurer Beziehung bei", warf Shya ein, wodurch der Bann gebrochen wurde und die Stimmung sich wieder aufheiterte.

„Eine der größten Herausforderungen, die es in einer Beziehung zu erkennen gilt, ist, dass es sich um keine 50/50-Sache handelt. Die Gesundheit der Beziehung liegt aus Lindas Sicht zu 100 Prozent in ihrer Verantwortung und aus Dans Sicht zu 100 Prozent in seiner Verantwortung."

„Wisst ihr, das gefällt mir überhaupt nicht!", meinte Linda mit einem weiteren entwaffnenden Lachen. „Wenn ich Probleme mit Dan habe, dann möchte ich natürlich, dass er schuld daran hat, wenn nicht ganz, dann zumindest größtenteils. Ich habe euch das in anderen Workshops sagen hören und ich weiß, dass es stimmt, aber wenn ich es auf mein Leben anwende, kann ich es nicht ertragen, unrecht zu haben."

„Ich habe eine gute und eine schlechte Nachricht für dich, Linda", erwiderte ich: „Es sind zwei dafür nötig, um zu kämpfen, und nur einer, um den Kampf zu beenden."

Das Paar auf der linken Seite fühlte sich inzwischen so unwohl, dass die beiden, ohne ihr Wissen, praktisch auf ihren Stühlen herumhüpften. Das erinnerte mich ein wenig an die mexikanischen Springenden Bohnen, die ich in meiner Schreibtischschublade aufbewahrte, als ich acht oder neun Jahre alt war. Wenn ich die kleine Plastikschachtel festhielt, in der sie sich befanden, wurde der Wurm in ihrem Inneren durch die Wärme meiner Hand aktiv und sie begannen zu springen. Ich vermute, die Vorstellung von 100 Prozent Verantwortung könnte deinen Stress noch erhöhen, wenn du einige wirklich gute Beweise dafür gesammelt hast, dass dein Partner in eurer Beziehung der Böse ist.

Ich beschloss, den Begriff der Verantwortung genauer zu erklären; vielleicht würde das die Sache einfacher für sie machen.

„Ich will damit sagen, es wäre zum Beispiel so einfach für Linda, Dan die Schuld daran zu geben oder umgekehrt, wenn die Dinge schiefgehen, aber das würde keinem von beiden etwas nützen. Linda hat immer die Neigung gehabt, sich zurückzuziehen oder schnippisch zu sein, und Dan hat Druck ausgeübt, um andere schnippisch werden zu lassen. Sie könnte ihn dazu bringen, sein Verhalten zu ändern, aber früher oder später wird sie an jemand anderem herumnörgeln, wenn sie den Teil in sich selbst nicht auflöst, der wild um sich schlagen oder sich zurückziehen möchte. Wenn sie den Drang zu streiten auflöst, dann wird sie selbst dann, wenn Dan Druck macht, nicht reagieren müssen. Stattdessen wird sie, wenn etwas nicht in Ordnung für sie ist, selbst dazu fähig sein, angemessen darüber zu kommunizieren."

Dem Paar auf der linken Seite gefiel diese Nachricht nicht. Sie dachten so etwas wie: *Das ist leicht gesagt, aber ich nehme es dir nicht ab.*

Es ist komisch, wie die Menschen manchmal miteinander kämpfen und tatsächlich glauben, dass sie den Kampf auflösen möchten; wenn sie aber mit einer Lösung konfrontiert sind, werden beide Argumente finden, damit der Kampf weitergeht.

„Natürlich, Linda", sagte Shya, „was es nahezu unmöglich machen wird, irgendein Problem zwischen dir und Dan zu lösen, ist dein inneres Programm, deine 6 Prozent. Wenn du dich selbst und andere unbedingt davon überzeugen willst, dass Dan der Schuldige ist und dass du keinen Teil zu der Gleichung beiträgst, wenn du mehr daran interessiert bist, recht zu haben, dann wird der Kampf niemals aufhören. Und nicht nur das – Kämpfen als eine Form des Beziehungsverhaltens kann nun ein Teil deines Lebensstils sein, den du zu verlieren fürchtest. Zu diesem Lebensstil gehört es, dich darüber zu beklagen, dass du es nicht so haben willst, wie es ist. Wenn es aber andererseits vorbei wäre, dann würdest du dir ganz neue Gesprächsthemen ausdenken müssen, um mit deinen Freundinnen darüber zu diskutieren."

„Ja, das stimmt. Ich habe manchmal wirklich einen Hang zu tratschen, besonders wenn ich aufgebracht bin", sagte Linda. „Ich kann einsehen, was du über meine Neigung sagst, rechthaberisch zu sein und zu kämpfen. Aber wenn das bedeutet, dass dieses Verhalten meine Beziehung vermiesen wird, dann will ich nicht recht haben. Ich möchte lieber mit Dan zusammen sein!"

Als wir mit der nächsten Frage fortfuhren, wusste ich, dass der Kampf zwischen ihnen vorbei war, zumindest für den Augenblick, und ich hoffte, dass sie jetzt mehr Werkzeuge hatten, um den Krieg zu bekämpfen, sollte er wieder ausbrechen. Das Paar auf der linken Seite dachte sicher, dass wir die Dinge zu sehr vereinfachten, aber es hat schon manches Mal Leute gegeben, welche die Gültigkeit eines für sie fremden Konzeptes später eingesehen haben. Bei diesen beiden hatte ich eher Zweifel, aber man weiß ja nie.

Von einer Sache bin ich allerdings überzeugt: Wenn jemand aufhören möchte zu kämpfen, dann kann alles als Rechtfertigung dazu benutzt werden, um den Kampf zu beenden. Wenn dieselbe Person jedoch recht behalten will, wenn sie ihre 6 Prozent beschützt, dann wird nichts genügen, wie inspirierend es auch sein mag, um den Konflikt zu lösen. Es war klar, dass dieses Paar so viel darin investiert hatte, im Recht zu sein, dass es wie ein unvorstellbares Opfer erschien, darauf zu verzichten, den anderen zum Bösewicht zu machen. Jeder von beiden hörte einer alten vertrauten Bandschleife zu. Es handelte sich um diejenige, welche die Liste von Vergehen aufführte, die der andere begangen hatte, und der Soundtrack hörte sich etwa so an: *Nein, ihr versteht nicht, es ist wirklich seine Schuld. Ihr kennt ihn nicht so wie ich. Es gab eine Zeit, wo er …*

Ich weiß, welch eine Herausforderung es sein kann, die Geschichte loszulassen, dass der Partner, der Chef oder ein Elternteil die Quelle des Elends im Leben ist. Aber ich weiß auch aus Erfahrung, dass sich die Mühe lohnt.

WARUM SORGE ICH MICH UM DUMME, DUMME DINGE?

Im Laufe der Jahre haben wir beide festgestellt, dass die Art und Weise, wie jemand denkt, für die betreffende Person normal ist. Wenn also jemand deprimiert oder besorgt ist, dann ist das so. Wir haben aber auch erkannt, dass, wenn jemand im Augenblick lebt und aufhört, sich zu sorgen, auch das dann normal wird.

Vor Kurzem stieß unsere Freundin Amy auf ein altes Tagebuch und war überrascht zu lesen, wie ihr Leben früher einmal war. Seit sie entdeckt hat, ungeachtet der äußeren Umstände präsent zu sein, hat sie vergessen, dass die Dinge früher einmal so schmerzlich waren.

Als wir Amy (und schließlich auch ihren Mann Andy) kennenlernten, geschah dies auf Veranlassung unseres Wirtschaftsprüfers und Freundes Roger. Er rief uns an und sagte. „Ich habe gerade etwas getan und bin mir nicht sicher, ob ihr es mir danken werdet. Ich habe eine Frau zu einer eurer Abendgruppen eingeladen, weil ich dachte, dass sie wirklich Nutzen daraus ziehen könnte. Sie und ihr Mann kamen wegen ihrer Steuern zu mir, und ich bin niemals zwei Menschen begegnet, die so viel kämpfen. Sie saßen in meinem Büro und stritten sich die ganze Stunde lang!“

Keiner von uns hatte eine Ahnung, dass Amy und Andy mit uns zusammentreffen und unseren Ansatz dafür benutzen würden, um ihre brillanten Fähigkeiten zu entdecken. Und wir hätten auch nicht voraussagen können, dass sie schließlich zwei unserer engsten Freunde werden würden.

Amy lieh uns jenes Tagebuch aus, so dass wir ihre Entwicklung von Schmerz zu Wohlbefinden sehen konnten. Obwohl es darin flüchtige Eindrücke von der Person gibt, zu der Amy geworden ist, wurde ihre Größe durch eine dicke Schicht von Verzweiflung und Sorge verhüllt.

Amy war so freundlich, das Folgende zu schreiben, worin sie Auszüge aus ihrem Tagebuch mitteilt. Es zeigt, wie Transformation sowohl unmittelbar als auch fortschreitend ist. Es liegt auf der Hand, dass diese intelligente Frau nicht „verstehen" konnte, was passierte, aber sie hatte trotzdem den Mut, weiterzugehen. Amy vermittelt uns allen eine Botschaft der Hoffnung und Ermutigung.

Amys Geschichte

Mein Buchhalter sagte: „Sagen Sie es ab! Sagen Sie es einfach ab und kommen Sie zu einem Treffen mit diesen beiden Leuten." Ich telefonierte mit meinem neuen Steuerberater, beklagte mich über mein Leben und sagte ihm, dass ich an diesem Abend einen Termin mit einem neuen Therapeuten gemacht hatte. Ich war sehr deprimiert, hatte ein Gefühl von Hoffnungslosigkeit, machte mir die meiste Zeit über Sorgen und wie ich mich fühlte, konnte ich mein Leben einfach nicht so weiterführen wie bisher. Daher hörte ich im Februar 1991 auf ihn, sagte meinen Termin ab und ging zu einem Treffen mit den beiden von ihm empfohlenen Leuten, Ariel und Shya Kane. Ein guter Schritt! Heute mache ich mir kaum noch Sorgen. Ich bin nicht deprimiert, fühle mich mit allem zufrieden, und das Leben ist ganz einfach großartig.

Vor Kurzem, als ich einige Kisten durchsah, fand ich mein altes Tagebuch aus jener Zeit. Ich hatte viele Tagebücher geführt und dieses war die Nummer 24. Als ich die Seiten durchblätterte, war ich darüber schockiert, wie sehr sich mein Leben heute von dem unterscheidet, wie es damals war, als ich all diese Tagebücher schrieb. Es machte Spaß und war sehr aufschlussreich, mich daran zu erinnern, wie ich meine Welt betrachtet hatte, und zu sehen, wie sich mein Leben transformierte, als ich den Augenblick annahm und es wagte, mich auf das Unbekannte einzulassen. Der Unterschied zwischen den

Eintragungen, die ich machte, bevor ich Ariel und Shya begegnete und nachdem ich ihnen begegnet war, erstaunt mich.

Als ich mein Tagebuch öffnete, bemerkte ich eine Seite, auf der in großen, dicken Buchstaben stand: „Warum sorge ich mich um dumme, dumme Dinge?"

Es war im Herbst 1990. Ich war 26 Jahre alt und hatte alle Dinge, die ich wollte: Ich hatte einen tollen Job an der Wall Street bei Shearson Lehman und verdiente sehr gut; ich hatte einen wunderbaren Ehemann, den ich vor Kurzem geheiratet hatte; und ich war dabei, meinen Magister in Computerwissenschaft an der New Yorker Universität zu machen. Außerdem besaß ich eine Stadtwohnung, machte Körpertraining und war daher physisch fit, und ich sang und spielte Keyboard in einer Band.

Alles war am richtigen Platz – außer mir. Ich fühlte mich einsam, traurig, alt und besorgt. Ich dachte, alle Dinge, die ich besaß, und alles, was ich geleistet hatte, hätten mich eigentlich zufrieden machen sollen. Aber je mehr ich leistete und je mehr ich besaß, desto mehr entzog es sich mir, mich gut zu fühlen. Hier einige Auszüge von dem, was ich damals schrieb:

> „**28. September 1990:** Okay, hier bin ich, ich bin in einem tollen Job gelandet. Endlich! Ich bin gerne hier bei Shearson Lehman. Ich weiß, ich weiß – es wurde auch Zeit!"

Und nur ein paar Tage später:

> „**1. Oktober 1990:** Manchmal bin ich unglaublich einsam. Ist einsam das richtige Wort dafür? Ich fühle mich allein in dieser Welt. Aber ich bin eigentlich nicht allein, ich habe Freunde, ich habe Familie."

Neujahr 1991 kam herbei und ich begann, gute Vorsätze zum neuen Jahr aufzuschreiben, um zu versuchen, das zu verändern, was meinem Gefühl nach nicht stimmte. Ich war deprimiert und bemühte mich herauszufinden, warum. Zuerst machte ich das Wetter dafür verantwortlich. Dann war es der neue Krieg, in dem wir uns mit Saddam Hussein befanden. Der Winter, der Krieg – ich versuchte, es an etwas festzumachen.

Das war die Zeit, als mein Buchhalter mir sagte, dass ich den Termin absagen sollte. Anfang Februar ging ich zu einem Abendseminar über das Thema „Im Augenblick sein“, das von Ariel und Shya gehalten wurde, und es gefiel mir wirklich. Ich verstand es nicht, aber es war irgendetwas dran.

„**28. Februar 1991:** Ich habe Probleme damit, ‚im Augenblick‘ zu sein. Ich möchte nicht im Augenblick sein und mich verlieren. Ich fürchte mich vor dem, was ich wirklich bin. Und dann, selbst wenn ich mich finde und eine Menge Schmerz durchmache, um mich zu finden, was ist eigentlich der tiefere Sinn davon? Was ist der tiefere Sinn im Leben und muss es schmerzlich sein, mich zu finden?“

Ich hatte Angst davor, mich wirklich anzuschauen, weil ich annahm, dass es schmerzlich sein würde. Ich erkannte noch nicht, dass das Leben umso leichter würde, je mehr ich über mich wahrnahm.

Dann kam mein Geburtstag. Ich wurde 27 Jahre alt und fühlte mich deprimiert und alt. Daher schrieb ich eine Liste von all den Dingen auf, die mich beunruhigten:

„**5. März 1991** – mein Geburtstag:

1. Ich weiß nicht, wie ich loslassen soll, und damit meine ich, wirklich loszulassen und nicht bloß zu sagen, dass ich loslasse.
2. Ich mache mir zu viele Sorgen.
3. Ich fühle mich zu sehr schuldig.
4. Ich erwarte immer eine Menge von Freunden und mache sie und/oder mich selbst dann dafür verantwortlich, wenn sie meine Erwartungen nicht erfüllen.
5. Ich gerate leicht in Angst und habe ein paar falsche Entscheidungen getroffen.
6. Ich fürchte mich davor, allein zu sein, daher bin ich mit vielen befreundet. Ihre Freundschaft ist mir wichtig, weil ich nicht allein sein will.
7. Ich nehme alles zu persönlich.
8. Ich fürchte mich davor zu sterben. Alles ist vergänglich und diese Tatsache tut mir weh. Sie tut mir sehr weh.

Ich bin 27, fast 30 – und ich fühle mich fast leer, verschreckt, zerrissen und abstoßend."

Zu diesem Zeitpunkt hatte ich nur ein Abendseminar mit den Kanes besucht, doch ich wollte mehr persönliche Aufmerksamkeit und beschloss daher, am 20. März eine private Sitzung bei ihnen zu nehmen.

Hier der Eintrag, den ich am folgenden Tag schrieb:

„**21. März 1991:** Erster Frühlingstag, ja!
Gestern Abend bin ich zu Shya und Ariel gegangen. Ich war angespannt. Ich war nervös. Es war wunderbar & emotional. Ich weinte und lachte. Ich verstehe nicht genau, was passiert ist, aber muss ich das?"

Und dann, einige wenige Wochen später … ganz anders:

„**2. Mai 1991:** WOW WOW WOW
Genauso fühle ich mich – WOW! Ich weiß nicht, es ist seltsam – wirklich seltsam. Die Dinge in mir verändern sich, sie drehen sich und sind in Bewegung. Ich beginne mich so zu fühlen, als wollte ich wieder leben – ich beginne mich so zu fühlen, als wollte ich lebendig sein – lebendig! Im Laufe der letzten beiden Monate hat sich irgendetwas in mir verändert – ich weiß nicht was. Ich bin zu drei ihrer New Yorker Abendseminare, einem Wochenend-Workshop und zwei Einzelsitzungen gegangen, und es ist höchst erstaunlich gewesen – erschreckend. Aber jetzt fühle ich mich nicht mehr verschreckt. Gestern war ich es noch. Heute bin ich anders – jeden Tag, jeden Augenblick."

„**23. Mai 1991:** Ich habe das Gefühl, meine Welt hat sich ein wenig gedreht und ich blicke aus einem anderen Fenster – es gibt so viel zu sehen."

Dies war eine spannende Zeit. Ich muss zugeben, dass ich nicht verstand, wie es dazu kam, dass sich mein Leben verbesserte. Schließlich gab ich es auf, die Gründe dafür herausfinden zu wollen. Ich ließ es einfach zu, mich über den Prozess zu freuen und dankbar für die Auswirkungen zu sein. Dann beschlossen mein Mann und ich, über das Memorial Day Wochenende unseren ersten gemeinsamen Workshop bei den Kanes zu machen.

„**20. Juni 1991:** So viel ist passiert! Workshop mit Shya & Ariel in Phoenicia – AUSGEZEICHNET!!“

Nach diesem Workshop fühlten mein Mann und ich uns verliebter und mehr im Einklang als jemals zuvor. Wir begannen, weitere gemeinsame Workshops zu besuchen und zusammen zu den Abendseminaren zu gehen. Wir lernten mehr über einander und über uns selbst, und das Leben wurde zunehmend müheloser.

5. August 1991: Einige Tage nachdem mein Mann und ich einen Kurs „Die Freiheit zu atmen“ bei den Kanes gemacht hatten, gingen mir viele Gedanken im Kopf herum. Dann gab es bei der Arbeit wirklich sehr viel zu tun und die Gedanken verschwanden. Ich lerne in der Gegenwart zu leben. Wenn mir jemand vor einigen Jahren gesagt hätte, es sei nützlich, in der Gegenwart zu leben, dann hätte ich ihn ausgelacht oder ihn sogar missbilligend angesehen. Es widersprach allem, woran ich glaubte. Ich mache mir weniger Sorgen – ich höre meinen Verstand – ich lerne, dass er nicht ich ist – es sind bloß Gedanken. Ich höre leise Grillen und die Wellen. Die Klimaanlage bläst durch den Abzug. Das ist das Leben.“

Die letzte Eintragung in meinem Tagebuch lautete wie folgt:

29. August 1991: „Ich habe die Adler in meinem Herzen schweben sehen. Ich habe die Wellen der Leidenschaft gefühlt. Fühlst du, was ich fühle? Siehst du die Liebe in meinem Herzen?“

Seit dieser Zeit ist mein Leben ständig reicher und großartiger geworden. Mein Mann Andy und ich sind uns näher als jemals zuvor und wir sind seit mehr als zehn Jahren verheiratet. Wir haben jetzt einen wunderbaren Sohn und unsere eigene Web/Internet-Firma, TAG

Online. Wir arbeiten zusammen Seite an Seite, Tag für Tag, und es macht uns Spaß. Andy und ich arbeiten weiter mit den Kanes, nehmen an ihren Kursen teil, sie sind unsere persönlichen Berater und Consultants für unsere Firma. Wir entdecken mehr über einander und über uns selbst, und das Leben ist sehr spannend.

Seitdem habe ich kein Tagebuch mehr geschrieben. Ich verspüre nicht mehr den Drang dazu. Warum sorge ich mich um dumme, dumme Dinge? Ich tue es nicht mehr.

Amys Tagebucheinträge sind eine perfekte Darstellung des Paradoxes, das Unmittelbare Transformation umgibt. Jeder Wechsel war unmittelbar, dennoch waren die Auswirkungen kumulativ und steigerten sich allmählich. Sie fängt auch wunderbar die Essenz dessen, auf welche Weise das Phänomen der Transformation nicht logisch, vernünftig oder verständlich ist. Es gefällt uns auch, wie Amy unsere Herangehensweise dafür nutzte, im hohem Grade in einem tiefen Gefühl des Wohlbefindens zur Ruhe zu kommen, und wie sie jetzt dazu fähig ist, Zugang zu ihrem Herzen zu finden.

9
DER KRIEG DER GESCHLECHTER

Die Leute sprechen vom Krieg der Geschlechter, aber sie nehmen nicht die subtilen und weniger subtilen Verästelungen von unbewussten Verhaltensweisen wahr, die uns seit Ewigkeiten überliefert worden sind. Es existierte eine klare und eindeutige Arbeitsteilung zwischen Männern und Frauen. Die Männer arbeiteten zusammen und die Frauen arbeiteten zusammen, wodurch dann innerhalb der Kultur als Ganzes zwei getrennte Subkulturen entstanden.

Diese gesellschaftliche Unterteilung war nicht gerecht. Sie wurde zu einer Zeit gefördert, zu der die Menschheit unverhohlen rücksichtslos und unzivilisiert war, zu der „Macht" mit „Recht" gleichgesetzt wurde und die Stärkeren der Spezies die ihnen Unterlegenen beherrschten. In den meisten Kulturen hatten Männer, die stärker und mächtiger waren, das Sagen. Nur im Hinblick auf das Überleben und die Erfordernisse für das Überleben gab es Kooperation. Die Männer verbrachten ihre Zeit mit den Männern und die Frauen mit den Frauen.

So war es Millionen Jahre lang. Die Menschheit hat erst vor Kurzen die Möglichkeit zur Schaffung einer Umwelt entdeckt, die nicht nur auf dem Überleben gründet. In den letzten hundert Jahren sind die Stammesstruktur, die Familienstruktur und unser kulturelles Erbe durch die moderne Technologie und einen sozialen Wertewandel ernstlich untergraben worden. Es ist noch nicht allzu lange her, dass man außerhalb des Stammes- oder Familienverbandes nicht überleben konnte. Mit dem Einzug der modernen Technologien ist die Menschheit jedoch unwiderruflich in eine neue Zeit versetzt worden, in der das Geschlecht nicht für den Rest deines Lebens deine soziale Stellung festlegt.

Es gab in dieser Gesellschaft einmal eine Zeit, in der eine Frau nur Lehrerin, Bibliothekarin, Krankenschwester, Sekretärin, Verkäuferin, Hausfrau oder Mutter sein konnte. Die Möglichkeit für eine Frau, Ärztin, Rechtsanwältin, leitende Bankangestellte, Installateurin oder Polizeibeamtin zu werden, war so gut wie nicht vorhanden. Bis vor Kurzem war der Zugang zu diesen und vielen anderen Berufen für Frauen verboten. Heute sind sie zwar zugänglich, aber es sind Ressentiments und Vorurteile kulturell darüber überliefert worden, was „Frauenarbeit" ist und wofür eine Frau sich eignet.

Traditionell war die Identität einer Frau mit ihrer Rolle als Teil einer Beziehung verknüpft, in der von ihr erwartet wurde, eine Familie zu erhalten und zu versorgen, während die Rollen der Männer mehr mit ihrem Beruf und damit verbunden waren, eine Arbeit zu haben.

Wenn du möchtest, dass deine Beziehung blüht und gedeiht, dann ist es wichtig, dass du dir der Klischees und Vorurteile bewusst wirst, die in deinen Gedanken verwurzelt sind, vor deren Hintergrund deine gegenwärtige Beziehung sich abspielt. Der Krieg zwischen den Geschlechtern hat viele verschiedene Facetten. Wir werden diese in einem kurzen Überblick darstellen, damit du dir über sie als Faktoren bewusst werden kannst, die eine ansonsten intakte Beziehung unterminieren können.

KULTURELL VERWURZELTE WUNDE PUNKTE

Einmal kam ein Paar zur Beratung zu uns, weil sie einige unserer Artikel gelesen hatten und Hilfe für ihre Beziehung suchten. Wir vier setzten uns hin und wir fragten, was zwischen ihnen vorgefallen wäre. Steve und Terri, die seit fast 30 Jahren verheiratet waren, fingen damit an, die Ursache für ihren Streit darzulegen. Über die Einzelheiten waren wir überrascht.

Terri sprach zuerst. Sie beugte sich vor und sagte ernsthaft: „Nun, an unserem ersten gemeinsamen Weihnachten kaufte und verpackte ich 27 verschiedene Geschenke für Steve und gab sie ihm. In jenem Jahr gab er mir nicht mal ein einziges! Ich konnte es nicht glauben.

Wie konnte er nur so gedankenlos sein und nicht wissen, wie wichtig Weihnachten ist, und sich nicht einmal darum bemüht haben, mir auch nur ein einziges Geschenk zu besorgen? Das ist die Geschichte unserer Beziehung. Von Anfang an ist er rücksichtslos gewesen. Und nicht nur das, ich verdiene auch das Geld. Eigentlich führt er nur den Hund aus. Man könnte annehmen, dass er nach all diesen Jahren weniger egoistisch wäre und mir etwas Beachtung schenken würde, aber nein! Deshalb sind wir zu euch gekommen. Ich hoffe, ihr könnt ihm dabei helfen zu erkennen, auf welche Weise er sich endlich zur Abwechslung einmal um mich kümmern kann."

Steves Version der Geschichte war ebenso kämpferisch und sogar noch überraschender als die von Terri. Als er gefragt wurde, was er sich von unserer gemeinsamen Zeit wünsche, sagte er, er habe den Eindruck, dass er etwas klarstellen sollte. Neben Steve stand eine Segeltuchtasche, die er zu der Sitzung mitgebracht hatte. Er griff hinein, zog ein abgenutztes, gerahmtes Foto von Terri in ihrem Brautkleid hervor und sagte: „Seht ihr, wie dünn sie früher gewesen ist? Könnt ihr glauben, wie fett sie geworden ist?"

Um ehrlich zu sein, wir waren schockiert über den Umfang und die Intensität ihres Kampfes. Wir erkundigten uns danach, ob Steve das Foto speziell zu unserem Treffen mitgebracht hatte, weil es sich um etwas handelte, das er insbesondere uns mitteilen wollte, und er sagte: „Nein, ich trage dieses Bild mit mir herum, weil ich die Leute einfach wissen lassen will, womit ich mich herumplagen muss."

Während der Stunde, die wir mit ihnen verbrachten, konnten wir eine spontane Versöhnung ermöglichen, wobei sie ihre Waffen niederlegten – zumindest eine Zeit lang. Wenn aber das Bedürfnis, recht zu haben, wichtiger ist als der Wunsch, ein großartiges Leben und eine liebevolle Beziehung zu haben, dann wird das Bedürfnis, recht zu haben, die Oberhand gewinnen und der Krieg wird letztlich weitergehen.

Wir erzählen dir von Steve und Terri deshalb, weil sie – auch wenn die Geschichte stimmt – eine mehr als lebensgroße Wiedergabe dessen zu sein scheinen, wie viele Paare kämpfen oder ihre Beziehung gestalten. Wenn du eine akute Version dieser Art von Kampf siehst, ist es einfacher, die subtilen Methoden herauszufinden, mit denen du vielleicht unwissentlich auf eine ähnliche Art und Weise Beziehungen unterminiert hast.

Wenn man eine Frau angreifen will, besteht ein wirkungsvolles Mittel darin, ihre Attraktivität, ihr Gewicht oder ihr Aussehen zu kritisieren. Ein wirkungsvolles Mittel, um einen Mann anzugreifen, besteht darin, seine Fähigkeit des Produzierens oder Versorgens zu kritisieren. Wenn du Harmonie zwischen euch möchtest, dann ist es wichtig, dir dessen bewusst zu sein, dass es bei deinem Partner kulturell tief verwurzelte wunde Punkte gibt. Wenn du sie kennst, musst du sie nicht unwissentlich oder vorsätzlich auslösen.

FAMILIENTRADITIONEN

Wahrscheinlich ist dir der Begriff „Krieg zwischen den Geschlechtern" vertraut, aber hast du daran gedacht, alle Fronten zu untersuchen, an denen der Krieg der Geschlechter auftaucht und ausgefochten wird? Es ist wichtig, Bewusstheit in alle Vorgehensweisen zu bringen, wie du unwissentlich in den Kampf rekrutiert worden bist, wenn du eine wundervolle Beziehung haben möchtest.

Wir beide waren einmal auf unserem Boot und kreuzten langsam durch einen Jachthafen auf dem Weg zur Bootstankstelle. Aus einiger Entfernung hörten wir zornige Stimmen, die sich gegenseitig anschrieen. Die Stimme des Mannes sagte so etwas wie: „Du bist nie …", und die Stimme der Frau kreischte: „Du bist immer …" – beides zur gleichen Zeit. Als wir an ihrem Boot vorbeifuhren, das am Dock festgemacht war, sahen wir, dass die Frau dasaß und eifrig ihre Nägel feilte, während sie sarkastisch über ihre Schulter ihren Gefährten anschrie, und dieser stand mit finsterem Blick hinter ihr, Bierflasche in der Hand, und brüllte ihren Rücken an. Das Boot trug den Namen „Familientradition" (und das ist nicht von uns erfunden).

Du hast sehr viel über deine Einstellung gegenüber dem anderen Geschlecht, darunter Körperhaltung, Tonfall und andere Formen des Beziehungsverhaltens, von deiner Familie gelernt. Wenn du erkennen willst, auf welche Weise du in den Krieg der Geschlechter verwickelt bist, dann betrachte einfach unparteiisch dein eigenes Familienleben. Wenn du dir alles aus deiner eigenen Kindheit ansehen kannst, ohne zu verurteilen, was du siehst, dann kannst du damit beginnen, das Erbe zu entwirren, das von Generation zu Generation weitergegeben wird.

Vergiss nicht das erste der drei Prinzipien der Transformation, die wir in früheren Kapiteln besprochen haben: Das, wogegen du dich wehrst, bleibt bestehen und wird stärker. Wenn du das Beziehungsverhalten deiner Eltern verurteilst und dir geschworen hast, es anders zu machen, dann wird dies eine von zwei Möglichkeiten hervorrufen, wie du dich in Beziehungen verhältst. Mit zunehmendem Alter wirst du entweder immer mehr wie der Elternteil werden, gegen den du dich gewehrt hast, oder du wirst, wenn du zum Beispiel mit einem Konflikt konfrontiert bist, das Gegenteil tun. War der betreffende Elternteil eine Person, die brüllte, und du hast dir selbst gelobt, niemals deinen Ehepartner anzubrüllen, dann wirst du in Krisenzeiten feststellen, dass du plötzlich deinen Partner „anschnauzt" und brüllst, oder du schweigst und ziehst dich zurück. Keine von beiden Positionen schafft das Gleichgewicht, wonach die Menschen sich sehnen.

OBERFLÄCHLICHE KONVERSATION UND KLATSCH KÖNNEN ZERSETZEND SEIN

Menschen, die mit dem anderen Geschlecht kämpfen, werden oft versuchen, Zustimmung für ihren Standpunkt zu gewinnen. Dieses Verhalten ist derart automatisch, dass der voreingenommene Standpunkt sich ganz von selbst und unbemerkt in die Konversation einschleichen wird. Wenn du in diese Situation keine Bewusstheit bringst, wird dadurch selbst die beste Beziehung zersetzt werden.

Hier ein Beispiel, aus Shyas persönlicher Erfahrung berichtet: Vor Kurzem ging ich in ein Warenhaus, um ein elektronisches Gerät zu kaufen. Während der Mann hinter der Ladentheke den Papierkram ausfüllte, erwähnte er, dass er einen schlechten Tag habe. Ich sagte: „Es tut mir leid, das zu hören."

„Ja", fuhr Bart, der Verkäufer, fort, „ich habe den Fehler gemacht, die Autoschlüssel meiner Frau mit zur Arbeit zu nehmen, und nun meckert sie mit mir herum, dass sie überall zu Fuß hingehen muss."

Ich sagte nicht viel zu seiner Bemerkung und die geschäftliche Abwicklung ging weiter. Als ich ihm meine Kreditkarte aushändigte, stellte er fest, dass der Magnetstreifen auf der Rückseite der Karte abgenutzt war.

„Oh", sagte Bart, „das sieht ja genauso aus wie die Karte meiner Frau, die völlig abgenutzt ist, weil sie sie so oft verwendet. Tatsächlich wurde ihr im vergangenen Monat die Brieftasche in New York gestohlen, aber ich habe es nicht gemeldet, weil der Dieb weniger ausgibt als sie."

Verdutzt sah ich Bart an. Ich glaube, er erwartete, dass ich auf Kosten seiner Frau herzhaft lachen würde, denn er meinte: „Das war ein Scherz, Mr. Kane. Das sollte ein Scherz sein." Ich sagte Bart, dass ich das nicht lustig fände und dass diese Art von entzweienden Bemerkungen wahrscheinlich einer der Gründe dafür wäre, weshalb er und seine Frau sich miteinander stritten.

Hier ein weiteres Beispiel, wie der Krieg zwischen den Geschlechtern verlaufen kann, aus Ariels persönlicher Erfahrung berichtet:

Als Shya und ich in unser gegenwärtiges Zuhause umzogen, gingen wir zu einer neuen Zahnarztpraxis. Während der Zahnarzt Shyas Zähne untersuchte, kam Carrie, die Fachkraft für Zahnhygiene, in den Behandlungsraum und sagte zu Shya: „Ihre bessere Hälfte ist fertig und wartet auf sie." Shya entgegnete: „Nein, das stimmt nicht. Sie ist nicht meine bessere Hälfte, sie ist meine Partnerin und Freundin."

Ich hörte nichts von dieser Interaktion, weil ich mich in einem anderen Behandlungsraum befand. Nachdem Shya ihr jedoch diese Antwort gegeben hatte, kam Carrie in den Raum zurück, in dem ich saß, beugte sich verschwörerisch zu mir und sagte: „Ich habe gerade zu Ihrem Mann gesagt, dass seine bessere Hälfte auf ihn warten würde."

Einen Augenblick lang saß ich da und fühlte mich unbehaglich, während ich mir überlegte, was ich als Nächstes tun sollte. Ich konnte die Bemerkung nicht einfach durchgehen lassen. Nicht deshalb, weil ich Carries Standpunkt verändern wollte, sondern weil ich den Eindruck hatte, dass ich, wenn ich schwieg, dies dasselbe war wie ihr zu sagen, dass ich mit ihrer Sichtweise übereinstimmte. Da ich nicht gewillt war, eine Mitverschwörerin gegen Männer zu sein, entgegnete ich: „Entschuldigen Sie, was Sie gerade gesagt haben, stimmt nicht. Ich bin nicht seine bessere Hälfte, ich bin seine Partnerin." Sie wurde sehr still. Als unser Zahnarzt mit Shya in meinem Raum kam, begrüßte ich sie beide und sagte: „Oh, übrigens hat Carrie mir gerade erzählt, was sie zu dir gesagt hat, und ich habe ihr mitgeteilt, dass ich nicht deine bessere Hälfte, sondern deine Partnerin bin." Verblüfft meinte der Arzt: „Das ist erstaunlich, Ihr Mann hat gerade genau dasselbe gesagt!"

Carrie war in meinen Raum gekommen, um mich für ihren Standpunkt einzunehmen, dass Frauen besser als Männer seien. Wenn ich die bessere Hälfte bin, was macht das aus ihm? Bestimmt nicht mein mir ebenbürtiges Gegenstück. Hätte ich nichts gesagt, obwohl ich ihren Standpunkt nicht teile, dann wäre ich vielleicht nach Hause gegangen und hätte darauf geachtet, auf welche Weise er unterlegen oder minderwertig wäre. Ich bin mir dessen ziemlich sicher, dass Carrie sich nicht bewusst ist, wie sie über Männer herzieht. Von ihrer Seite war es nur eine oberflächliche Konversation. Doch selbst eine oberflächliche Konversation, wenn sie unbetrachtet bleibt, kann ihren Tribut von einer ansonsten intakten Beziehung fordern.

In diesen letzten beiden Begebenheiten entschied sich Ariel dafür, etwas zu Carrie zu sagen, und auch Shya sagte etwas zu Bart. Du brauchst nicht immer etwas laut auszusprechen, aber manchmal ist es nötig. In beiden Fällen wird dein Gefühl dir sagen, was angemessen ist. Wichtig ist der Aspekt, zu bemerken und dir bewusst zu machen, dass die Ansichten anderer Menschen deine Beziehung beeinflussen.

Als Nächstes ein von Ariel berichtetes Beispiel über eine andere Art und Weise, wie beiläufige Gespräche in einem öffentlichen Umfeld sich auf unsere Beziehung auswirkten: Vor einigen Jahren besuchte ich in der Nähe eine Reihe von einstündigen Unterrichtsklassen in Step, einer Form von Aerobic. Ich besuchte diese Unterrichtsstunden drei- oder viermal pro Woche, und eine Gruppe von Frauen nahm regelmäßig daran teil. Es entwickelte sich so etwas wie Kameradschaft, und die Frauen plauderten zwanglos vor, während und nach dem Unterricht. Bald stellte ich fest, dass ich, wenn ich nicht aufpasste, nicht nur meinen Körper trainierte, sondern auch die sozial tief verwurzelte Voreingenommenheit gegen Männer.

Hier ein paar Bruchstücke der üblichen Gespräche:

„Wow, Stacey, du siehst wirklich gut aus. Du nimmst tatsächlich ab!"

„Ja, du magst das bemerken, aber nicht mein Mann. Er merkt nie etwas. Du weißt ja, wie Männer sind …"

„In ein paar Wochen mache ich Urlaub in Mexiko, und ich möchte in wirklich guter Form sein, damit ich sexy und blendend aussehen kann. Ich kann es gar nicht erwarten, es wird toll werden. Nur Julie und ich – keine Ehemänner, keine Kinder!"

„Mein Mann Steve und ich haben uns heute Morgen gestritten. Sein wirklicher Name ist Hämorrhoide." (Die Lehrerin machte diese Bemerkung während des Unterrichts!)

Wenn ich nach dem Unterricht nach Hause kam und es männerfeindliche Äußerungen gegeben hatte, veränderte sich unweigerlich etwas in meinem Verhalten gegenüber Shya. Schließlich wurde es ein Spiel zwischen Shya und mir, wobei er sagte: „Na, wie haben sie dich heute Morgen gekriegt?", und ich identifizierte und berichtete alle scheinbar harmlosen negativen Bemerkungen, die über Männer gemacht worden waren. Es wurde zu einer Folgeübung nach meinem Aerobic-Training. Indem ich einfach den alltäglichen Krieg identifizierte, musste ich nicht zu einem Teil davon werden. Durch den Besuch der Trainingsstunden kräftigte ich meine Muskeln, stärkte die Koordinationsfähigkeit und baute Ausdauer auf. Nach der Trainingsstunde stärkte ich den Muskel meiner Fähigkeit, meiner Realität und meinen Werten in der Beziehung zu Shya im Besonderen und zu Männern im Allgemeinen treu zu bleiben.

NICHT BETRACHTETE KLISCHEES TRAGEN ZUM KRIEG BEI

Frauen nehmen häufig an, dass Männer voreingenommen gegenüber Frauen sind, und Männer nehmen an, dass Frauen voreingenommen gegenüber Männern sind, doch im Allgemeinen achtet keines von beiden Geschlechtern auf die Vorurteile, die es sich selbst gegenüber hat. Wenn du dir deiner persönlichen inneren Vorurteile gegenüber Menschen deines eigenen Geschlechts nicht bewusst wirst, dann wirst du diese Vorurteile unwissentlich deinem Partner zuschreiben.

Mit anderen Worten, du wirst deinen Partner für deinen eigenen nie untersuchten Standpunkt verantwortlich machen.

Um den Krieg der Geschlechter in all seinen Formen zu erkennen und zu neutralisieren, musst du dir der Einstellungen und Klischees bewusst werden, die du unwissentlich über das andere Geschlecht angesammelt hast, sowie auch der Einstellungen und Klischees, die du über dein eigenes Geschlecht angesammelt hast.

In unserer heutigen Zeit können Männer wie Frauen fast jeden Beruf ausüben. In seinem persönlichen Hintergrund ist jeder jedoch kulturellen Normen unterworfen und letzten Endes überlagern diese allgemeinen Prinzipien die Realität.

Hier ein Beispiel, worauf zu achten ist:
Erinnerst du dich daran, dass in der Anekdote über die Zahnarzthelferin Carrie der Zahnarzt überrascht darüber war, dass wir beide, unabhängig voneinander, sagten, wir wären Partner? Hast du dir ein geistiges Bild von dieser Interaktion gemacht?

Unser Zahnarzt ist – eine Frau. Die meisten Leute visualisieren, wenn ihnen diese Geschichte erzählt wird, einen Mann. Auch das ist an und für sich kein Problem. Wie wir bereits sagten, zieht der Verstand Vergleiche aus dem heran, was er bereits kennt und erfahren hat. Er beschwört Bilder aus unserer Vergangenheit und diese Vergangenheit selbst kann dem gegenüber voreingenommen sein, was in der Zukunft möglich ist.

Würden wir über Kinder sprechen, die von einem Elternteil großgezogen werden, während der andere als Führungskraft umherreist, besteht die Wahrscheinlichkeit, dass das automatische Bild das einer Frau zu Hause und eines Mannes am Arbeitsplatz wäre, selbst wenn es bei der Geschichte in Wirklichkeit um einen Vater, der daheim bleibt, und um eine berufstätige Mutter geht.

NICHT BETRACHTETE VORURTEILE TRAGEN ZUM KRIEG BEI

Peter, einer unserer Klienten, hielt sich für einen aufgeschlossenen Menschen, der nichts gegen Frauen hatte. Er hatte seinen Vater deswegen kritisiert, weil er auf seine Mutter herabsah und sie als minderwertig behandelte. Als Arzt hatte Peter den Eindruck, dass er dank seiner Ausbildung und Erfahrung „über das hinausgewachsen war". Er ging sogar so weit, unaufgefordert zu sagen: „Ich halte Frauen nicht für Bürger zweiter Klasse." Wenn wir jedoch mit Peter sprachen, wurde seine starke Befangenheit gegenüber Frauen immer wieder deutlich.

Als Peter uns von seiner Zeit beim Militär erzählte, machte er die Bemerkung, er hätte das ehrliche Gefühl gehabt, dass es gefährlich wäre, Frauen in Kampfsituationen zu haben. Er erklärte, dass die Teilnahme von Frauen an einem Kampf nicht die optimale Lösung wäre, weil die Kraft ihres Oberkörpers nicht ausreiche, um einen gefallenen Kameraden in Sicherheit zu bringen. Dieser Gedanke mag sich vielleicht vernünftig anhören, doch wenn Peter über diese potenzielle Situation sprach, sagte er: „Ich kann nicht glauben, dass sie solche Schwächlinge in eine Kampfzone lassen würden."

Hier ein weiteres Beispiel, das Peters unerforschten Standpunkt gegenüber Frauen erhellte. Als Peter anfing zu untersuchen, wie er Frauen sah, erzählte er uns von einer Bemerkung, die er – offenbar scherzhaft – gegenüber seiner 13-jährigen Tochter Vivian gemacht hatte. Eines Tages gingen sie in einer Einkaufspassage an einem anderen Mann und seinen vier Mädchen vorbei. Peter erzählte uns, dass er gesagt habe: „Vivian, sieh mal, wie traurig dieser Mann ist. Er hat nur Töchter und würde alles dafür geben, wenn eine von ihnen ein Sohn wäre." Obschon Vivian versuchte, über den „Scherz" zu lachen, bemerkte Peter, dass sie beleidigt war, und danach war das Verhältnis zwischen ihnen nicht mehr so unbeschwert. Diese und andere Bemerkungen dieser Art hatten eine Kluft zwischen ihnen hervorgerufen.

Die meisten Menschen haben Vorurteile gegenüber dem Gedanken, voreingenommen zu sein. In Peters Fall dachte er, es wäre besser, sich Frauen als ebenbürtig vorzustellen, und deshalb versteckte er vor sich selbst sämtliche Methoden, wie er sie gering schätzte. Sein vorurteilsbehafteter Standpunkt war so normal für ihn, dass er unsichtbar wurde – wie Wasser für einen Fisch.

Wir erzählten Peter eine alte Anekdote, die es ihm erlaubte, selbst einen Einblick in seine vorgefassten Meinungen zu bekommen. Hier die Geschichte und das sich daraus ergebende Gespräch:

Ein kleiner Junge spielte Ball im Hof, und als dieser auf die Straße rollte, stürzte er zwischen zwei Autos hervor, um ihn wiederzubekommen. Ein Autofahrer, der die Straße entlangfuhr, sah den Jungen nicht und der Wagen erfasste ihn. Der Vater des Jungen hatte den Unfall vom Wohnzimmerfenster aus gesehen, aber er war so schnell passiert, dass er machtlos war, ihn zu verhindern. Er eilte nach draußen, hob den Jungen auf und bat den Autofahrer, sie rasch ins Krankenhaus zu fahren, das glücklicherweise nur ein paar Straßen entfernt war. Als sie vor dem Eingang der Notfallambulanz anhielten, rannte der Mann mit seinem Sohn in den Armen hinein. In der Ambulanz wurde entschieden, dass der Junge operiert werden müsste, da er innere Verletzungen erlitten hatte. Beim Anblick des Kindes sagte der Chirurg jedoch: „Ich kann diesen Jungen nicht operieren, er ist mein Sohn!"

„Wie ist das möglich?", fragten wir Peter. Unser medizinischer Freund besaß einen aufgeweckten und flinken Verstand; daher ermunterten wir ihn dazu, sich selbst davon zu überzeugen, was für uns bei dieser Geschichte auf der Hand lag. Er begann die möglichen Lösungen zu sondieren.

„Der Vater, der den Jungen in die Ambulanz trug, war tatsächlich als Chirurg im Krankenhaus angestellt. Er war gerade zufällig zu Hause, um den Unfall zu sehen, und nicht bei der Arbeit", lautete die erste Antwort, die Peter in den Sinn kam.

„Das ist nicht das wahre Ende dieser Geschichte und auch nicht die Antwort auf dieses Rätsel", erklärten wir. „Der Mann stand mit seinem Sohn da, als der Chirurg sagte: ‚Ich kann diesen Jungen nicht operieren, er ist mein Sohn!' Suche weiter", ermunterten wir Peter.

„Der Chirurg war der wirkliche Vater des Jungen und der Mann, der sich im Wohnzimmer befand, war nur der Stiefvater."

„Nicht schlecht, aber auch das ist nicht richtig, Suche weiter", sagten wir. Dann wiederholten wir nochmals den letzten Satz der Geschichte, wo der Chirurg sagte: „Ich kann diesen Jungen nicht operieren, er ist mein Sohn!" Erneut fragten wir Peter: „Wie ist das möglich?"

„Okay, der Chirurg war mehr im spirituellen Sinn der Vater des Jungen und hatte aus irgendeinem religiösen Grund das Gefühl, dass er nicht in den göttlichen Plan eingreifen könnte."

„Nein, das ist nicht die Antwort", entgegneten wir.

„Nun, der Mann dachte nur, dass er der Vater des Jungen wäre."

Schließlich erzählten wir Peter das Ende der Geschichte, weil das wahre Ende aus seiner Sicht keine mögliche Lösung war. Die Antwort auf die verblüffende Frage „Wie ist das möglich?“ lautet:
Der Chirurg konnte den Jungen nicht operieren, weil *sie* die Mutter des Jungen war.

Peter war ehrlich schockiert. Als Arzt arbeitete er in einem Krankenhaus, in dem es männliche und weibliche Ärzte gab. Seine unbetrachteten Vorurteile hatten seine Sicht getrübt.

Wie wir bereits erwähnt haben, ist Voreingenommenheit an sich nichts Schlimmes, wenn du dir dessen bewusst bist. Wenn du weißt, dass du ein Vorurteil hast, kannst du die Verantwortung dafür übernehmen, es einzubeziehen und nicht durch das Vorurteil zu handeln, als entspräche es der Wahrheit.

Wir ermutigten Peter dazu, weiterhin auf seine vorgefassten Meinungen zu achten. Wir baten ihn, Notiz davon zu nehmen, wenn er auf eine herabsetzende, sarkastische oder ablehnende Art und Weise an Frauen dachte, ohne streng gegen sich selbst zu sein, wenn er Dinge an seinem Verhalten bemerkte, die er für negativ hielt. Wir ermutigten ihn weiterhin dazu, sich selbst wegen der unfreundlichen, unbewussten Dinge zu vergeben, die er in der Vergangenheit gesagt und getan hatte, weil er nicht zurückgehen und sie ungeschehen machen konnte.

Ein paar Wochen später starb Peters Onkel und er nahm an einem Familientreffen und der Beerdigung teil. Als er zurückkehrte, berichtete er uns von dem ununtersuchten Standpunkt gegenüber Frauen, den er in seiner Familienkultur entdeckt hatte. Peters Onkel hatte 1933 eine Frau geheiratet, doch das Paar konnte keine Kinder bekommen. Tatsächlich wurde das in der Familie so betrachtet, dass „sie“ keine Kinder bekommen konnte. Daher ließ der Onkel sich scheiden und heiratete eine andere Frau. Er hatte jedoch weiterhin mit beiden Frauen Sex. Bald wurden beide Frauen schwanger und, „wie es das Schicksal wollte, bekamen sie beide Mädchen, doch keine von beiden konnte ihm einen Sohn schenken“.

Bevor Peter seine kulturell tief verwurzelte Einstellung gegenüber Frauen untersuchte, wäre diese Aussage oberflächliche Konversation gewesen, die einfach ein Teil seiner Lebensstruktur war. Durch seine neu entdeckte Bewusstheit begann Peter jedoch zu erkennen, was ihm verborgen gewesen war. Es wahrzunehmen ermöglichte ihm, auf eine Art und Weise vorzugehen, die ehrlich gegenüber seinen persönlichen Gefühlen und Werten war.

Ein paar Tage, nachdem Peter von der Beerdigung zurückgekehrt war, kam er eines Morgens in die Küche und sah Vivian, die sich ihr Frühstücksmüsli schmecken ließ. In diesem Augenblick nahm er wahr, welch eine hübsche Frau sie wurde und er war stolz auf sie. Er dachte daran, Folgendes zu ihr zu sagen: *Na so was, Vivian, in einer anderen Kultur würde dein Tauschwert ausreichen, dass ich mindestens zehn Kamele für dich bekommen könnte.*

Peter war bestürzt darüber, dass seine erste Neigung gewesen war, etwas zu sagen, das seine Tochter herabsetzte, anstatt Vivian einfach wissen zu lassen, wie hübsch sie aussah. Mit Hilfe von Bewusstheit musste er nicht unbesonnen mit etwas herausplatzen, das sicher weitere Reibereien zwischen ihnen verursacht hätte.

Als Peter sich seiner Voreingenommenheit bewusst wurde, ohne zu verurteilen, was er wahrnahm, begannen Transformationen stattzufinden. Völlig unerwartet kam seine Tochter an, zu der er seit einigen Jahren ein gespanntes Verhältnis hatte, um mit ihm zusammen zu sein und zu Hause einen Film anzusehen. Bald fingen sie an, wieder sehr ehrliche Gespräche miteinander zu führen und sich nicht mehr wie zwei Fremde zu benehmen, die in demselben Haus wohnen.

Der ununtersuchte Krieg der Geschlechter beeinflusst nicht nur deine Beziehung zu dir selbst oder die Beziehung zwischen dir und deinem Partner, er hat auch Einfluss darauf, wie du zu jedem Einzelnen in deinem Leben in Beziehung trittst. Wenn du dein automatisches Verhalten einfach beobachtest, ohne zu verurteilen, was du wahrnimmst, wird sich die Art und Weise, wie du eine Beziehung herstellst, tief greifend verändern.

UNBETRACHTETE KULTURELLE VOREINGENOMMENHEIT TRÄGT ZUM KRIEG BEI

Peter stellte fest, dass seine Haltung gegenüber Frauen nicht nur ein Teil der Ansichten seiner Familie war, sondern auch tief in der Kultur verwurzelt, in der er großgezogen wurde. Es war ihm nicht in den Sinn gekommen, die Sichtweise seiner Kultur zu überprüfen. Wie die meisten Menschen nahm er sich nicht die Zeit, um wahrzunehmen, dass seine Realität durch die ununtersuchten Einstellungen in seinem Umfeld geprägt worden war, in dem er aufwuchs. Anfangs hatte er seinen Eltern die Schuld an ihren Vorurteilen gegeben, ohne zu erkennen, dass sie in eine kulturelle Färbung eingetunkt worden waren, die ihre Weltsicht beeinflusst hatte.

Lisa, eine unserer Klientinnen, begann sich ihrer tief verwurzelten kulturellen Vorurteile bewusst zu werden, als sie einen unserer Kurse über Kommunikation im Beruf besuchte. Die Aufgabe war, einen zweiminütigen Vortrag über etwas Inspirierendes zu halten. Auf das Thema kam es nicht an. Dies war eine Übung im Selbstausdruck, die dazu bestimmt war, es dem/der Sprecher/in zu erlauben, die Zuhörer mit seiner/ihrer Begeisterung anzustecken.

Als Lisa an der Reihe war, wählte sie ein Thema, das wirklich tief empfunden war. Sie sprach über ihre zweijährige Tochter Tanya. Sie ließ die Zuhörer wissen, dass es für sie, obwohl sie gerne eine Abteilung von 30 Angestellten leitete, der schönste Teil des Tages war, nach Hause zu ihrem Kind zu kommen. Lisa genoss wirklich das abendliche Ritual des Fütterns, Badens und Spielens mit Tanya, bevor es Schlafenszeit für sie war. Tanya dabei zuzuschauen, wie sie lernte und wuchs und ihre ersten Schritte machte, gehörte zu den bedeutungsvollsten Augenblicken in Lisas Leben.

Das trifft sicher für viele Mütter zu, die berufstätig sind. Je mehr Lisa jedoch sprach, desto mehr wurden ihre Zuhörer gewahr, dass in Lisas Bericht über die Zeit mit ihrem Kind offenkundig etwas ausgelassen wurde.

Hier ein Teil aus Lisas Präsentation. Vielleicht kannst du es selbst erkennen:

> „Vor etwa drei Jahren beschloss ich, dass ich ein Kind haben wollte; also ging ich es an und bekam eines. Sie heißt Tanya und ist jetzt zwei Jahre alt und ich liebe sie über alles. Ich hatte Angst davor, Kinder zu haben, aber ich bin sehr glücklich darüber, dass ich eines bekommen habe, denn sie ist der Sonnenschein meines Lebens. Der schönste Teil des Tages ist, wenn ich von der Arbeit nach Hause komme und sie da ist. Ich spiele gern mit ihr und schenke ihr meine volle Aufmerksamkeit. Sie liebt es wirklich,

Haferflocken zu essen, und durchlebt gerade eine Phase, in der sie mit großer Begeisterung Hüttenkäse isst. Auch die Badezeit gehört zu meinen Lieblingszeiten. Sie kreischt und spritzt und riecht so gut. Sie ist so richtig lebendig!"

Lisa sprach weiter über ihre Aktivitäten mit Tanya, doch die Teilnehmer des Kurses wurden immer verwirrter. Während dieser Präsentation saß auf der anderen Seite des Raumes ein weiterer Kursteilnehmer, Lisas Mann John. Bald begannen sich die anderen Teilnehmer zu fragen, ob das Paar das Baby adoptiert hatte. Eine andere Theorie, die jemand hatte, während er Lisas Vortrag zuhörte, war, dass sie das Kind bereits hatte, bevor sie John kennenlernte, und dass sie erst seit Kurzem verheiratet waren.

Am Ende des Vortrags erhielt Lisa behutsames Feedback und es wurden ihr ein paar Fragen gestellt. Sie war ehrlich erstaunt, dass ihre Geschichte sich so angehört hatte, als wäre sie eine allein erziehende Mutter und John nicht der biologische Vater ihres Kindes. Bald wurde ihr klar, dass sie nicht einmal erwähnt hatte, dass ihr Partner zu Hause an den alltäglichen Geschehnissen beteiligt war, die sie beschrieb. Die Tatsache, dass Lisa John völlig in ihrem inspirativen Vortrag ausradiert hatte, gab ihr Stoff zum Nachdenken.

Am nächsten Tag hatten Lisa und John eine private Beratungssitzung bei uns. Wir waren nicht überrascht zu erfahren, dass es in ihrer Ehe Herausforderungen gab, aber es überraschte uns, wie aktiv Lisa darauf bedacht war, ihren Anteil an der Dynamik ihrer Beziehung zu erkennen.

Als sie ihr Leben und die Kultur betrachtete, aus der sie kam, erkannte sie, dass es bei allen Frauen aus dieser Gruppe eine starke Zurückweisung von Männern gab. Sie stammte aus einer Kultur, die matriarchalisch war, und Männer wurden als geringer angesehen. Im Laufe der Sitzung mit uns stellte sie spontan Angewohnheiten bei sich fest, wie sie John entweder mit Worten oder durch Handlungen zurückgewiesen oder als unwichtig behandelt hatte. Sowohl Lisa als auch John wurden angeregt durch das, was sie bemerkten.

Ein paar Tage später erhielten wir eine E-Mail von Lisa. Als sie an ihren Arbeitsplatz zurückkehrte, nahm sie wahr, dass ihr gewohnheitsmäßiges Verhalten, Männer zurückzuweisen, bei ihrem männlichen Mitarbeiterstab voll in Kraft gewesen war. Sie bemerkte augenblicklich, dass sie den weiblichen Angestellten aufmerksamer zugehört und eine bessere Beziehung zu ihnen gehabt hatte.

Bevor Lisa sich ihrer eigenen unerforschten kulturellen Voreingenommenheit bewusst war, hatte sie ihre gegenwärtige Arbeitsgruppe unwissentlich in eine Hierarchie von „mehr wert" und „weniger wert" aufgespalten. Indem sie sich dessen einfach nur bewusst wurde, kam es sofort zu positiven Ergebnissen. Als Lisa ihre Aufmerksamkeit darauf lenkte, Männer einzubeziehen und dem zuzuhören, was sie zu sagen hatten, sah sie Arbeitsmoral, Teamwork und Produktivität der Mitarbeiter rasch zunehmen.

Diese neu entdeckte Bewusstheit hatte auch eine dramatische Wirkung auf ihre Liebesbeziehung. John merkte, dass, wenn Lisa sich abweisend verhielt, dies nicht bedeutete, dass sie verärgert war. Er machte sich klar, dass es sich dabei lediglich um einen Teil ihres kulturellen Erbes handelte. Wenn er ihr Verhalten nicht so persönlich nahm, verminderten sich die Spannungen. Sofort wurde auch ihre Tochter offener und fröhlicher gegenüber John. Mit ihren zwei Jahren sah Tanya Lisa bereits als Vorbild für das Rollenverhalten gegenüber Männern. Als Lisa John einbezog, wurde es auch leichter für Tanya, ihn einzubeziehen.

Die transformativen Wirkungen davon, dass Lisa einfach wahrnahm, wie sie zu ihrer Umwelt in Beziehung trat, ohne sich dafür zu verurteilen, was sie sah, waren wirklich tief greifend und unmittelbar.

Übungen: Der Krieg der Geschlechter

1. Wenn du fernsiehst, achte besonders auf die Werbesendungen. Stelle fest, wie die Hersteller den Krieg der Geschlechter benutzen und ihn fortsetzen, um ihre Produkte zu verkaufen.
2. Wenn du in der Warteschlange vor einer Kasse, bei der Arbeit, im Sportstudio oder an anderen Orten bist, an denen du in oberflächliche Konversation verwickelt wirst oder diese mit anhörst, dann achte darauf, ob das Gespräch Meinungen enthält, die pro oder kontra Männer oder Frauen sind.

3. Stelle fest, ob du dich selbst dabei ertappen kannst, wenn du irrtümlich geschlechtsspezifische Zuweisungen machst, wie beispielsweise dass Zahnärzte männlich und Elternteile, die zu Hause bleiben, weiblich sind. Selbst wenn dein eigener Arzt eine Frau ist, pass auf, wenn das Thema „Arzt“ in einem Gespräch auftaucht, ob dein Verstand nicht immer noch automatisch einen Mann in die Darstellung einfügt.
4. Wenn du in einer Gruppe bist, wie zum Beispiel bei der Arbeit, in Kirchen, in der Schule oder an anderen Orten, wo Menschen sich treffen und Ideen miteinander teilen, werde dir der kulturellen Einstellungen gegenüber Männern, Frauen und Beziehungen bewusst.

10

BEZIEHUNGSSPALTER

Es gibt ein Phänomen, das so weit verbreitet und so normal ist, dass es weitgehend unbemerkt bleibt; doch handelt es sich um eines der stärksten Hindernisse dafür, eine gesunde, liebevolle Beziehung herzustellen und aufrechtzuerhalten. Im Laufe der Jahre haben wir beide viele unterschiedliche Varianten dieses mechanischen Verhaltens erlebt, und fast von selbst ist ein Begriff für das, was wir beobachtet haben, aufgetaucht. Wir nennen es „Beziehungsspalter". Es ist ein Verhalten, das zuerst zwischen Kindern und ihren Eltern wahrzunehmen ist, und es setzt sich ins spätere Leben hinein fort. Es kann anfangs ganz harmlos sein, doch wenn es unbetrachtet bleibt, wird es die Möglichkeit zunichtemachen, eine wundervolle Beziehung zu haben.

Für die Untersuchung dieses automatischen Beziehungsverhaltens ist es wichtig, dass du dich dabei auf deinen anthropologischen Standpunkt und deine unvoreingenommene Sichtweise stützt. Wenn du das Spalten von Beziehungen fälschlich als etwas „Schlechtes" identifizierst, wirst du nicht sämtliche Nuancen deines eigenen Beziehungsverhaltens erkennen können und einen Mangel an Mitgefühl für andere entwickeln, welche dieses Verhalten an den Tag legen.

In diesem Kapitel sind einige Anekdoten enthalten, die verschiedene beziehungsspaltende Szenarien veranschaulichen. Es gibt so viele Varianten dieses Phänomens, dass es praktisch unmöglich ist, sie alle abzudecken; wir wollen jedoch einige der archetypischen Themen vorstellen, damit du lernen kannst, sie in deinem eigenen Leben zu erkennen.

RUPERTS GESCHICHTE

Rupert, ein Konzertpianist, besuchte regelmäßig unsere wöchentlichen Abendgruppen in New York. Er ließ es zur Gewohnheit werden, hinten zu sitzen, und im Allgemeinen meldete er sich während des Abends zu Wort. Es war sehr faszinierend, die Wellen von begierigem Interesse und ausgesprochener Abneigung zu beobachten, die durch den Raum liefen, wenn immer er sprach. Die Frauen seufzten und träumten davon, zu einem von Ruperts Konzerten in der Carnegie Hall zu gehen, und die Männer sperrten sich und warfen einander verärgerte Blicke zu. Später unter vier Augen traten dann Meinungsverschiedenheiten zwischen den Paaren auf, wenn sie versuchten, sich auch nur beiläufig über Rupert zu unterhalten. Eines der Merkmale dieser Interaktionen war die Tatsache, dass die Frau in der Paarbeziehung die Sichtweise ihres Mannes oder Freundes nicht hören wollte und sich gezwungen fühlte, Rupert zu verteidigen.

Mit etwas Coaching erkannten diese Paare, dass es für jeden von ihnen unmöglich war, die Erfahrung zu machen, die der andere machte. Es war so, als würde Rupert Signale auf zwei unterschiedlichen Wellenlängen aussenden. Die Männer entdeckten, dass sie nicht darüber frustriert sein sollten, dass die Frauen Ruperts Selbstdarstellung nicht „durchschauten", um zu erkennen, wie sehr er auf Konkurrenz und Entzweiung bedacht war. Die Frauen lernten, die Situation in Frage zu stellen, wenn sie sich dazu gezwungen fühlten, einen anderen Mann gegenüber ihrem Ehepartner oder Freund zu verteidigen. Der Akt, den „armen missverstandenen" anderen Mann gegen den „bösen" eigenen Mann verteidigen zu müssen, wurde zu einem Signal, um auf den Mechanismus eines Beziehungsspalters in Aktion zu achten.

Einmal kam ein Mann in einer unserer Gruppen zu Ariel und sagte: „Schminkst du dich anders? Es sieht heute Abend wirklich toll aus." Anscheinend war dieses Kompliment eine harmlose Aussage, doch Ariel ertappte sich dabei zu denken: *Shya merkt nicht, dass ich mich anders schminke.* Wir sprachen unter vier Augen über diese Interaktion und begannen zu erkennen, dass dieser Mann regelmäßig aufmerksam gegenüber Frauen in Beziehungen war, während er den Kontakt zu allein lebenden Frauen mied. Wenn sich ein Mann in Konkurrenz zu seinem Vater befindet, wird er versuchen, ein „besserer Ehemann" für seine Mutter oder jede Frau zu sein, die in einer Beziehung lebt. Wenn sich eine Frau in Konkurrenz zu ihrer Mutter befindet, wird sie versuchen, die „bessere Ehefrau“ zu sein. Eine Frau, die ein Beziehungsspalter ist, wird häufig nonverbale Signale aussenden wie: *Würdest du nicht lieber mit mir zusammen sein? Ich bin jünger, hübscher, sexuell attraktiver und aufmerksamer als deine Frau.*

JACKS, LESLIES & PHILLIPS GESCHICHTE

Leslie und Jack waren seit 14 Jahren verheiratet und hatten drei Kinder. Jacks Arbeit war mit Stress verbunden und bisweilen hatte es schwierige Zeiten gegeben. Aber sie waren normale Menschen, die versuchten, klarzukommen und ihre Kinder nach besten Kräften aufzogen. Zu irgendeinem Zeitpunkt in ihrer Ehe kam Phillip, ein Austauschschüler aus Europa, und lebte während eines Schuljahrs bei ihnen. Vor seiner Ankunft hatten Jack und Leslie Kommunikationsprobleme und stritten sich von Zeit zu Zeit, aber sie taten ihr Bestes, um sie aufzulösen. Nachdem Phillip zu ihnen gekommen war, veränderte sich die Situation jedoch auf dramatische Weise. Er wurde für Leslie zu einem Vertrauten und Freund. Er hörte ihr aufmerksam zu, wenn sie redete, und wenn Jack lange arbeiten musste, saßen Leslie und er am Küchentisch und waren die besten Freunde. Da Phillip noch ein Junge war und es keine romantischen Interessen gab, fing Leslie natürlich die Signale nicht auf, dass sie sich, indem sie sich Phillip anvertraute, von ihrer Beziehung mit Jack distanzierte. Dinge, die sie normalerweise in sich zurückhielt, bis sie mit ihrem Mann angesprochen und geklärt wurden, hatten nun woanders ein Ventil. Diese scheinbar harmlose Beziehung führte zu einer scheinbar überraschenden Scheidung. Aus Jacks Sichtweise war Leslie weniger zugänglich, und er stellte fest, dass er aufgebracht war. Er hatte keine Ahnung, dass die Beziehung von Leslie und Phillip viele seiner eigenen Gefühle von Unzulänglichkeit und Entfremdung heraufbeschworen hatte. Er wusste nur, dass er die Scheidung wollte.

Phillip hatte in seiner neuen Umgebung die Beziehung wieder erschaffen, die er zu Hause mit seiner Mutter und seinem Vater hatte. Solange Phillip sich erinnern konnte, waren er und seine Mutter die besten Freunde, während seiner Meinung nach sein Vater kühl, zurückhaltend und distanziert war. In der Regel fiel es Phillip viel leichter, eine Beziehung zu Frauen als zu Männern herzustellen.

Philipp ist ein klassisches Beispiel für einen Beziehungsspalter. Er findet sich zu Personen des anderen Geschlechts hingezogen, die schon in einer Beziehung leben, oder freundet sich mit ihnen an. Genau wie in seinem früheren Leben zu Hause fühlt er sich dazu verpflichtet zu beweisen, dass er ein besserer, aufmerksamerer und fürsorglicherer Ehemann wäre als der tatsächliche Partner der anderen Person.

Betrachten wir die Dynamik zwischen Leslie und Phillip noch ein wenig weiter. Einige Zeit nach ihrer Scheidung begann Leslie sich wieder zu verabreden. Nach ein paar Jahren fand sie schließlich einen Mann, mit dem sie eine ernsthafte Beziehung aufbaute. Nachdem sie mehrere Jahre lang nichts mehr von Phillip gehört hatte, bekam sie plötzlich einen Anruf von ihm, in dem er fragte, ob er zurückkommen und sie besuchen könnte. Sie war damit einverstanden, doch als Phillip sich in ihrem Haus aufhielt, hatten Leslie und ihr Freund ihre erste Auseinandersetzung, und diese war explosiv. Diese Meinungsverschiedenheit führte zu einem Abbruch der Beziehung. Nach einem Jahr der Trennung beschlossen Leslie und ihr Freund, es noch einmal miteinander zu versuchen. Innerhalb eines Tages rief Phillip wieder an und fragte, ob er einen Teil seiner Ferien in Leslies Haus verbringen könnte.

Häufig scheint es eine psychische Verbindung zwischen Beziehungsspaltern und den Menschen zu geben, von denen sie angezogen werden. Wir vermuten, dass der Zeitpunkt von Phillips Anrufen nicht bloß zufällig war, sondern die Folge einer unheimlichen Fähigkeit, die viele Menschen haben, um ein ständiger trennender Einfluss in Beziehungen zu sein.

JOANS GESCHICHTE

Ein weiteres klassisches Beispiel für einen Beziehungsspalter fanden wir in Joan, die zu einem unserer Beziehungsseminare kam und daran interessiert war, jemanden zu finden, mit dem sie ein gemeinsames Leben aufbauen, den sie heiraten konnte. Während des Wochenendkurses verriet Joan, dass sie sich in der Vergangenheit üblicherweise mit verheirateten Männern verabredet hatte, und von diesem Lebensstil hatte sie nun genug. Also machten wir ein Experiment. Da Joan von den etwa 70 Personen im Raum nicht viele kannte, dachten wir, es wäre interessant zu sehen, wen sie attraktiv fand. Wir forderten sie dazu auf, sich rasch, ohne viel nachzudenken, im Raum umzuschauen und auf die Männer zu deuten, die sie anziehend fand. Also sagte sie: „Ich finde dich und dich und dich …" usw. und ging im ganzen Raum herum, wobei sie die Männer übersprang, von denen sie sich nicht angezogen fühlte. Als sie fertig war, stellten wir fest, dass jeder Mann, für den Joan Interesse empfand oder zu dem sie sich hingezogen fühlte, schon verheiratet war oder in einer festen Beziehung lebte. Alle Männer, die sie übersprungen hatte, waren Singles, noch zu haben (und attraktiv).

Von ihrer Geschichte her hatten Joan und ihre Mutter eine turbulente Beziehung miteinander gehabt, und Joan hatte sich nie mit jemandem verabredet, der wirklich noch zu haben war. Sie fand heraus, dass sie automatisch zu Männern neigte, die bereits mit einer anderen Frau verbunden waren. Durch unser Experiment und den sich daraus ergebenden Dialog konnte Joan wahrnehmen, dass sie schon in sehr jungen Jahren unwissentlich den Beschluss gefasst hatte, die „bessere Ehefrau" zu sein. Diese nie näher betrachtete Konkurrenz zu ihrer Mutter wurde dann schließlich mit allen Frauen und in allen Beziehungen durchgespielt.

Wird dieses Beziehungsverhalten nicht angeschaut, dann wird daraus ein Lebensstil, der dem Beziehungsspalter durch all seine/ihre Interaktionen folgt und sich unvermindert fortsetzen wird, bis dieses Verhalten wertfrei betrachtet wird. In Joans Fall war dies eine Herausforderung, weil es ihr zwar nicht gefiel, dass sie sich nur zu verheirateten Männern hingezogen fühlte, und sie dennoch feststellte, wie sie sich selbst rechtfertigte, warum es in Ordnung sei, sich mit ihnen zu verabreden: *Ich kümmere mich bloß um ihn, weil seine Frau nicht gut zu ihm ist* und *Er bleibt nur bei ihr, um den Kindern nicht wehzutun* sind nur zwei der Geschichten, die sie sich selbst erzählte. Es war Joan nicht in den Sinn gekommen, dass schon ihre bloße Präsenz einen Einfluss auf die Art und Weise hatte, wie sich der Mann, mit dem sie sich traf, gegenüber seiner Frau und diese ihm gegenüber verhielt.

DIE BEZIEHUNG ZU DIR SELBST

Es gibt einen weiteren Typus von Beziehungsspalter, der wahrscheinlich die größte Herausforderung darstellt. Dabei handelt es sich um jemand, der dich davon trennt, in Beziehung zu dir selbst zu sein. Wenn du aus der Beziehung zu dir selbst geraten bist, leiden darunter auch alle deine Interaktionen mit anderen.

Joels und Bobs Geschichte

Nach vielen Jahren des Versuchs, das wieder in Schwung zu bringen, was sich zu einer lieblosen Eheroutine entwickelt hatte, ließen Joel und seine Frau Karen sich scheiden. Zum Zeitpunkt ihrer Trennung hatten Joel und Karen ein Landhaus, das sie gekauft und renoviert hatten, wobei sie viele Annehmlichkeiten und persönliche Nuancen hinzugefügt hatten. Es war ein Rückzugsort für das Paar und ein Platz gewesen, wo sie die Zeit mit ihrem Sohn Tim genossen hatten. Im Laufe der Sommer, die sie dort verbracht hatten, war auch eine Gemeinschaft von Freunden entstanden. Während der Scheidung war es daher eine der schwierigeren Fragen zu entscheiden, wie mit diesem Besitz verfahren werden sollte. Für jeden waren viele gefühlsmäßige Anhaftungen damit verbunden. Anfänglich hatte Joel bei sich festgestellt, dass er sich nach dem Familiensinn, der Gemeinschaft und Stabilität sehnte, die dieser Ort einmal geboten hatte. Da seine Beziehung mit Karen jedoch vorbei war, ließ er das Landhaus hinter sich. Er fand neue, unerschlossene Orte auf dem Land, wo er Zeit mit seinem Sohn verbrachte, so dass sie immer noch das Leben draußen gemeinsam genießen konnten.

Während Joels Leben weiterging, geriet das Landhaus in den Hintergrund. Er fing eine neue Beziehung mit einer Frau an, die ihn und seinen Sohn liebte, und das Leben als neue Familieneinheit entwickelte sich gut.

Dann ging Joel eines Tages zum Essen mit Bob, einem alten Freund, der begann, ihm Fragen über sein Leben zu stellen.

„Vermisst du das Landhaus?" fragte Bob.

Joel entgegnete: „Nein, eigentlich nicht. Tim und ich sind zusammen zu anderen tollen Plätzen gefahren. Gerade im letzten Monat haben wir zwei Wochen in Vermont verbracht und es ist wirklich wunderschön dort."

„Aber vermisst du nicht all deine alten Freunde und die große überdachte Veranda, die du vor dem Haus angebracht hast? Was ist mit der Bequemlichkeit, die Stadt zu verlassen und eine Stunde später an deinem eigenen Ort zu sein?"

Joel gab Bob immer noch zu verstehen, dass das Landhaus der Vergangenheit angehöre und er weitergegangen sei.

Bob stellte jedoch weiterhin Fragen in der Absicht, Joel wieder mit der Vergangenheit zu verbinden, und diese Fragen malten ein Bild der „guten alten Zeit". Auch wenn die Zeiten im Landhaus mit seiner Exfrau während der letzten Jahre alles andere als gut gewesen waren, lenkte die Richtung der Fragen Joel zu dem Gedanken zurück, dass er bei seinen Lebensentscheidungen einen Fehler gemacht haben könnte.

Am nächsten Tag fühlte Joel sich allgemein reizbar, und als er seine Freundin sah, war er distanziert und zurückhaltend. Erst als das Paar über die abrupte Veränderung in seiner Haltung sprach, entdeckten sie, dass das Gespräch mit Bob Joel auf einen Abwärtskurs der Selbstbeschuldigung und des Zweifels gelenkt hatte. Es hatte ihn auf die Idee gebracht, dass er vielleicht einen Fehler gemacht haben könnte, als er aus der Ehe mit Karen ausgestiegen war. Bei weiterer Betrachtung erkannten Joel und seine Freundin, dass Bob selbst an einer lieblosen, kriegerischen Ehe festhielt und sich davon bedroht fühlte, dass Joel den Mut hatte, eine Beziehung zu beenden, die nicht funktionierte. Bob versuchte, Joel dazu zu ermuntern, zu seinem alten Leben zurückkehren, da dies für ihn bequemer war, als sein Augenmerk auf das zu lenken, was in seiner eigenen Ehe nicht stimmte.

Wir beide haben festgestellt, dass Menschen Ratschläge oft durch einen Filter ihrer eigenen Ängste geben. Wohlmeinende Freunde warnen andere häufig davor, nichts zu übereilen oder zu weit zu gehen. Diese Freunde versichern sich selbst, dass es ihnen nur um das Glück der Person geht, der sie Ratschläge geben; tatsächlich aber raten sie anderen eigentlich, ihren Träumen nicht zu folgen. Wenn jemand Angst davor hat, das zu betrachten, was in seiner eigenen Beziehung, in seinem eigenen Leben nicht stimmt, dann wird der Ratschlag davon beeinflusst sein, Inaktivität zu unterstützen oder am Status quo festzuhalten.

Stellas Geschichte

Hier eine weitere Variante, wie deine Beziehung zu dir selbst untergraben werden kann:

Stella ist eine passionierte Reiterin und ihr Mann Steve ist begeistert vom Angeln. Daher planen sie ihre Ferien an Orten, wo sie beides tun können. Im vergangenen Jahr buchten sie eine Woche auf einer Ranch mit vielen Forellenbächen. Obwohl Stella zu Hause ihr eigenes Pferd, Dusty, hat, hatte sie das Gefühl, dies sei eine ausgezeichnete Gelegenheit, um sich zu entspannen und neue Fertigkeiten zu erlernen, die sie mit heimnehmen und ihrem Pferd beibringen könne. Steve freute sich auf Tage, an denen er Forellenbäche entlangwandern konnte und den Luxus hatte, die Abende gemeinsam mit Stella zu verbringen. Der Plan war gut, aber er berücksichtigte nicht den Einfluss, den die anderen Gäste und die Eigentümer der Ranch auf ihre Beziehung haben würden.

Diese Ranch, die einem Paar gehörte und von diesem betrieben wurde, zog hauptsächlich weibliche Gäste an. Am Abend, wenn Stella und Steve zum Essen kamen, machten daher viele der Frauen Bemerkungen darüber, wie gerne sie es hätten, wenn ihre Männer gemeinsam Urlaub mit ihnen machen würden; aber eigentlich war eine versteckte Tendenz des Unbehagens darüber vorhanden, einen Mann in ihrer Mitte zu haben. Es war so, als hätte Stella den Feind in den Urlaub eingeladen. Sie stellte bei sich fest, dass sie den Wunsch hatte, von den anderen Frauen gemocht zu werden, und ohne es zu merken, begann sie Steve zurückzuweisen. Und sie wies nicht nur Steve zurück, sie begann ihren gesamten Lebensstil abzulehnen, so als würde sie ihr Leben falsch gestalten. Es war ihr sogar peinlich, in einer Großstadt zu arbeiten, anstatt auf dem Land zu leben.

Als Stella von ihrer Reise nach Hause zurückkehrte, stellte sie bei sich fest, dass sie von Menschen allgemein übermäßig genervt war. Sie wollte nicht mehr mit dem Verkäufer der Lokalzeitung oder dem jungen Mann plaudern, bei dem sie morgens ihren Kaffee kaufte. Sie begann ihren Job und ihre Mitarbeiter kritisch zu beurteilen. Nichts schien mehr in Ordnung zu sein. *Vielleicht,* dachte sie, *sollte ich einfach alles hinschmeißen und aufs Land ziehen.* Und noch eine merkwürdige Sache passierte: Sie war nicht mehr davon begeistert, ihren geliebten Freund Dusty zu reiten. Sie fing an, Dinge wie „Ich muss das Pferd reiten gehen" zu sagen. Die Herzensverbindung, die Stella zwischen sich selbst und allem und jedem in ihrem Umfeld hatte, war abrupt zerbrochen.

In einer individuellen Beratungssitzung bei uns nahmen Stella und Steve einen anthropologischen Standpunkt ein und betrachteten unvoreingenommen, was passiert war, um auf so dramatische Weise mit ihrer Beziehung und mit Stellas Beziehung zu sich selbst und zu ihrem Leben im Allgemeinen in Konflikt zu geraten. Sie erkannten, dass Stella, während sie auf der Ranch waren, die versteckte männerfeindliche Tendenz unter den anderen Gästen ignoriert hatte, weil sie gemocht werden wollte. Sie erkannten auch, dass es zu der Lebensweise des Ehepaares, das die Ranch betrieb, gehörte, sich zu zanken und miteinander zu konkurrieren. Stella hatte ihre Augen gegenüber dem Unbehagen verschlossen, in ihrer Nähe zu sein.

Durch einfaches Sehen und Erkennen, dass sie in ihrem Versuch, dazuzugehören, unbeabsichtigt ihre eigene Wahrheit zurückgewiesen hatte, wurde Stella augenblicklich mit sich selbst, mit ihrem Mann und sogar mit ihrem Pferd wiederverbunden. Durch einfaches Anerkennen und ohne sich dafür zu bestrafen, sich zuerst geirrt zu haben, kehrte ihr Gefühl des Wohlbefindens rasch zurück.

Steve und Stella erkannten außerdem, wenn sie noch einmal zu dieser oder einer ähnlichen Ranch gehen würden, dass sie sich der Strömungen in ihrem Umfeld bewusster sein müssten.

DIE „BEZIEHUNGSGRIPPE" UND DIE STRÖMUNGEN IN DEINEM UMFELD

Solltest du dir den Grippevirus zuziehen, dann würdest du nicht erwarten, seine Wirkungen sofort zu spüren. Es gäbe eine Inkubationszeit, bevor die Symptome sich zeigten. Bei vielen Störungen in einer Beziehung fällt es schwer herauszufinden, was die Verärgerung verursacht hat, weil die Menschen auf das achten, was gerade passiert ist und dies für die Verärgerung verantwortlich machen, anstatt dorthin zurückzublicken, wo sie 24 bis 48 Stunden vorher vom Kurs abgewichen sind.

Es ist unsere Erfahrung, dass Menschen selten, wenn überhaupt, über etwas verärgert sind, was gerade passiert ist. Tatsächlich werden sie durch Ereignisse, deren sie sich in den meisten Fällen nicht bewusst sind, vom Kurs abgebracht oder aus dem Gleichgewicht geworfen.

Wir haben festgestellt, wenn wir in einem Boot fahren, dass eine Welle, die von einer Seite kommt, oder Seitenwind uns vom Kurs abbringen kann. Wir stellen das aber nicht unbedingt fest, bevor wir nicht weit genug gefahren sind, dass der Richtungswechsel offensichtlich ist. Genauso verhält es sich auch mit Ereignissen, die uns aus dem Gleichgewicht bringen. Zum Zeitpunkt, an dem du erkennst, dass du vom Kurs abgekommen bist, kann das schon einige Zeit der Fall sein.

Es gibt Menschen, die Dinge sagen oder tun, welche eine tief greifende Wirkung auf deine Beziehung haben können, und anfangs merkst du das nicht. Du wirst dir der Wirkung ihres störenden Einflusses erst dann bewusst, wenn Ärger ausbricht. An diesem Punkt wirst du schon verpasst haben, was die Verärgerung eingeleitet hat, und vermutlich etwas oder jemandem in deiner unmittelbaren Umgebung oder der letzten Sache, die passiert ist, die Ursache dafür zuschreiben. Und so, wie der Verstand arbeitet, suchst du nicht mehr weiter, wenn du zu wissen glaubst, was dich verärgert hat. Allein durch die Tatsache, dass du Zeit mit deinem Partner verbringst, wird er/sie dann vermutlich zum Brennpunkt deines Ärgers, denn es besteht die Wahrscheinlichkeit, dass er/sie in deiner Nähe ist, wenn du bemerkst, dass du verärgert bist.

Tyrones und Ayeshas Geschichte

Tyrone war seit drei Jahren geschieden, als er und Ayesha sich zu verabreden begannen. Er hatte zwei Kinder aus seiner früheren Ehe, einen zehnjährigen Jungen und ein siebenjähriges Mädchen. Die Beziehung von Ayesha und Tyrone wurde enger, und schließlich zogen sie zusammen. Seine Kinder lebten bei ihrer Mutter und kamen regelmäßig zu Besuch. Tyrone und Ayesha stellten allmählich ein Muster fest, wie sie beide sich in den Tagen vor, während und nach diesen Besuchen der Kinder zueinander verhielten.

Das normale alltägliche Beziehungsverhalten zwischen Tyrone und Ayesha war harmonisch, doch in den Tagen genau vor, während und nach den Besuchen der Kinder zankten sie sich. Durch

Coaching fingen sie an, sich darauf einzustellen, dass, sobald sich die Aufmerksamkeit der Kinder darauf richtete, zu ihnen nach Hause zu kommen, obwohl Tyrone und Ayesha noch nicht einmal mit ihnen darüber gesprochen hatten, dies schon ausreichte, um die Dynamik in Gang zu setzen.

Zuerst fiel es den beiden schwer, mit dieser Situation fertig zu werden. Anfangs wollte Tyrone nicht wahrhaben, dass seine „süßen und unschuldigen" Kinder eine die Beziehung spaltende Dynamik mitgebracht hatten. Es war dem Paar ursprünglich auch unverständlich, dass sich ihr Beziehungsverhalten sogar verändern konnte, *bevor* die Kinder ankamen. Durch einfache Beobachtung des Wiederholungscharakters der Dynamik konnten sie die Situation jedoch ohne Bewertung wahrnehmen. Sobald sie erkannten, dass es zu dieser Veränderung in ihrem Beziehungsverhalten bei jedem Besuch kam, konnten sie dann darauf achten, sich selbst oder die Kinder nicht zu verurteilen, und mussten sich dann nicht automatisch zanken.

11
SEX UND INTIMITÄT

Echte körperliche Intimität ist ein aktiver Bestandteil einer wundervollen Beziehung und nicht etwas, das als selbstverständlich anzusehen ist, sondern vielmehr etwas, das zu hegen und zu pflegen ist, wie eine zarte Blume. Wenn ein Paar es sich zugesteht, ganz offen miteinander zu sein, und die Gelegenheit nutzt, sich sexuell auszudrücken, um die Sorgen des Tages loszulassen, und die Chance, sich seine Liebe füreinander mitzuteilen, dann verlässt Sexualität den Bereich eines lediglich physischen Aktes und wird zu einer heiligen Ausdrucksform.

Wenn du dazu fähig sein willst, die Nähe und echte Intimität herzustellen, die aus deinem sexuellen Ausdruck mit deinem Partner heraus möglich ist, dann ist es wichtig, dir die Komponenten anzuschauen, die dir genetisch und kulturell eingepflanzt worden sind und die sich, wenn sie nicht näher betrachtet werden, als Hindernisse für echtes Wohlbefinden auswirken können.

Als Kleinkinder haben wir keinen Begriff von Richtig und Falsch, Gut und Böse. Wir sind in die Kultur unserer Familie mit ihren religiösen und sozialen Sitten und Tabus eingebettet. Zu dem Zeitpunkt, wenn du erwachsen bist, besteht die Wahrscheinlichkeit, dass du widersprüchliche Vorstellungen über Sexualität hast. Weil derartige Zwänge bestehen, keinen Sex zu haben, bevor du darauf vorbereitet bist oder in einer sozial und moralisch akzeptablen Verbindung mit einem Partner lebst, eignen sich Menschen oft den Gedanken an, Sex sei etwas Schlechtes, schmutzig oder böse. Es ist schwer, von dem Gedanken, Sex sei falsch, umzuschalten und dir selbst zu erlauben, diese intimste Form des Selbstausdrucks zwischen zwei sich liebenden Menschen voll und ganz zu genießen und wertzuschätzen. Oftmals ist die soziale Konditionierung ein stummer Partner, der dir im Schlafzimmer Gesellschaft leistet.

Wir sind in Familien hineingeboren, die in den Bereichen von Sexualität und Intimität hauptsächlich durch religiöse Organisationen strukturiert und angeleitet worden sind. Die meisten von uns wuchsen in Familien auf, in denen, wenn Sex überhaupt erwähnt wurde, die Auffassung herrschte, dass es nicht dasselbe sei wie über das Essen auf dem Tisch zu diskutieren oder über den Tagesablauf zu sprechen. Wurde Sex erwähnt, dann war ein gewisses Tabu damit verbunden, ob offen ausgesprochen oder versteckt. Wenn wir in das Alter von Teenagern kommen, setzen sich die Hormone über Hemmungen hinweg. Mit dem Eintritt in die Pubertät lenken uns diese Hormone instinktiv zur Fortpflanzung und dem Überleben der Spezies. Diese Kräfte sind sehr stark und können uns über unsere sozialisierten Hemmungen hinausführen.

In der Anfangszeit einer Beziehung ist es für viele Paare, die wir beraten haben, leichter, sich sexuell auszudrücken. In jüngeren Jahren und durch das Neue an einer Beziehung reicht es aus, sich über die soziale und kulturelle Konditionierung gegenüber Sexualität hinwegzusetzen. Später jedoch, wenn die Hormone nachlassen und sich ein Rückstand von unausgesprochenen Mitteilungen aufbaut, entdecken die Menschen, dass sie körperliche Intimität willentlich erzeugen müssen.

In den Anfängen einer Beziehung kann sogar Mundgeruch sexy sein. Wenn das Feuer der Leidenschaft jedoch durch gegenseitige Gefühllosigkeit, Stress bei der Arbeit, die unglaublichen Anforderungen der Elternschaft erlischt, dann wird körperliche Intimität zu einer weiteren Anforderung, die an das Paar gestellt wird.

Viele Menschen machen sich nicht klar, dass Sex und Intimität weniger Freude bereiten, wenn es selbst kleine zurückgehaltene Mitteilungen gibt. Häufig bauen sich diese vorenthaltenen Mitteilungen zu Ressentiments auf; dann wird Sex zu einem Teil der Kampfzone und die Verweigerung von Sex zu einer jener Waffen, die gegen den Partner als Ausdruck der Rache für Übertretungen, ob real oder eingebildet, verwendet werden.

Wenn du deinem Partner Sex vorenthältst, um ihn wissen zu lassen, dass du dich über etwas ärgerst, dann handelt es sich dabei um eine der Gelegenheiten, die voll und ganz demonstriert, im Recht zu sein kontra lebendig zu sein. Diese Form des Kämpfens verweigert dir Freude, Wärme, ein Gefühl von Nähe, Liebe, Berührung und körperliche Intimität. Aber dafür bist du im Recht, dass dein Partner es falsch gemacht hat, und jetzt bestrafst du ihn/sie und auch dich selbst, was dazu führt, sich weniger lebendig zu fühlen.

Ehe wir beide zusammenkamen, hatte jeder von uns vorher andere Partner gehabt. Wir kamen zu unserer ersten Verabredung mit einer Geschichte von Dingen, die in Beziehungen klappten, und mit Dingen, die für jeden von uns problematisch waren. Zu einem sehr frühen Zeitpunkt bei unseren Verabredungen sprachen wir darüber, was in Bezug auf sexuelle Intimität wichtig für uns sei. Das war an sich schon ein Durchbruch, weil in der Vergangenheit keiner von uns beiden ein derart offenes Gespräch mit irgendeinem Partner, zu keinem Zeitpunkt während einer Beziehung und noch viel weniger am Anfang, geführt hatte.

Zunächst sei erwähnt, dass Shya kurz vor unserem Kennenlernen eine längere Beziehung erlebt hatte, in der seine Partnerin Sex verweigerte. Nachdem wir darüber gesprochen hatten, gaben wir uns gegenseitig ein Versprechen: Wenn einer von uns Sex wollte und dies sagte, dann würde der andere so an die sexuelle Vereinigung herangehen, als wäre es seine eigene Idee, in der Absicht, die Erfahrung zu genießen. Wir hatten keine Ahnung, dass diese eine Vereinbarung zu einer stabilisierenden Grundlage für unsere Beziehung werden würde. Sie ermöglichte es uns, uns aus der Müdigkeit, den Ablenkungen und Ärgernissen des Tages herauszuziehen in den Bereich von Intimität und Freude. Wenn du wirklich mit deinem Partner zusammen bist, so als wäre jede sexuelle Begegnung deine eigene Idee und in der Absicht, die Erfahrung zu genießen anstatt sie zu ertragen oder sie hinter dich zu bringen, dann können Wunder geschehen. Damit wurden unser Schlafzimmer und unsere intime Zeit miteinander zu einem geschützten Ort vor den Sorgen der Welt anstatt zu einem Schlachtfeld.

Am gleichen Abend, an dem wir diese anfängliche Vereinbarung trafen, machte Ariel ein Geständnis. In ihrer bisherigen sexuellen

Erfahrung mit anderen Partnern waren Orgasmen selten. Sie erlebte, dass ihr Partner häufig zum Höhepunkt kam, während sie sich vergessen oder frustriert fühlte. Daher gab ihr Shya ein Versprechen: „Wenn immer wir Sex haben, verspreche ich dir, dass wir, wenn du einen Orgasmus haben möchtest, sicherstellen, dass du einen hast, bevor wir aufhören."

Dies erlaubte Ariel, sich zu entspannen, zu spielen und ihre Aufmerksamkeit auf Shya zu richten, ohne sich darüber Gedanken machen zu müssen, dass die Dinge eine zu große Eigendynamik erhielten, so dass sie zu kurz kam. Mit der daraus resultierenden Entspannung, dem Vertrauen und der Ungezwungenheit zwischen uns wurden die Orgasmen interessanterweise natürlicher und mühelos.

Heute sind die Vereinbarungen, die wir miteinander getroffen haben, in den Hintergrund getreten, doch anfangs haben sie es uns ermöglicht, uns gegenseitig hinzugeben. Als unterstützender Rückhalt halfen sie uns dabei, uns aus dem automatischen „Sag mir nicht, was ich tun soll" herauszuziehen.

DIE DREI GOLDENEN WORTE: ES TUT MIR LEID

Im Laufe der Jahre sind wir beide vertrauter miteinander geworden. Intimität ist eine natürliche Begleiterscheinung, wenn wir miteinander kommunizieren, und als wir mehr zu vertrauen lernten und unsere Schutzschilde fallen ließen. Als wir unsere Herzen öffneten, wurden jedoch alle unabsichtlichen oder gefühllosen Verhaltensweisen zu heftigeren Verletzungen. Es war wichtig zu erkennen, dass etwas, was einmal ein kleines Vergehen gewesen wäre, zusätzliches Gewicht bekam, als wir verletzlicher wurden. Da das der Fall ist, bestand ein weiteres wichtiges Hilfsmittel darin zu lernen, die goldenen Worte zu benutzen: Es tut mir leid.

Zu sagen, dass es dir leidtut und es auch wirklich zu meinen, ist ein wunderbares Heilmittel. Wir haben einmal eine Frau beraten, die erklärte, sie würde „eher über Glassplitter kriechen" als ihrem Mann zu sagen, dass ihr irgendetwas leidtue. Sobald sie erkannte, dass sie nichts anderes aufgeben musste, als mit ihrem Standpunkt recht zu haben, und zu sagen, es tue ihr leid, löschte das Jahre von großen und kleinen Verletzungen aus.

Die größte Herausforderung, sich zu entschuldigen, ergibt sich dann, wenn du nicht das Gefühl hast, irgendetwas falsch gemacht zu haben. Bei diesen Gelegenheiten ist es wichtig, dich auf deine Fähigkeiten des Zuhörens zu verlassen. Denke daran, wenn du wirklich zuhörst, dann hörst du in der Absicht zu, das zu erfahren, was ein anderer von *seinem* Standpunkt aus zu sagen hat. Wenn du die Sichtweise deines Partners wahrnehmen kannst, ist es leichter, dich zu entschuldigen.

VERGEBUNG

Die Person, die am meisten verletzt wird, wenn du nicht vergibst und Rachegefühle hegst, bist du selbst, weil du daran festhalten musst. Und wenn du hasserfüllte Gedanken hast, dann beherrschen sie dich und helfen dir in keiner Weise. Wenn du eine Beziehung zu jemandem hast, ohne ihm dafür zu vergeben, was er getan oder nicht getan hat, kannst du keine echte Intimität erfahren. Wenn du eine Liste von Vergehen aufgestellt hast, dann tritt diese Liste jedes Mal zwischen euch, wenn du versuchst, Nähe herzustellen. So mögt ihr beispielsweise Sex miteinander haben, aber er wird euch nicht wirklich guttun, wenn du an Dingen festhältst, die dein Partner in der Vergangenheit falsch gemacht hat.

Vergebung wird dir dabei helfen,
die Beziehung deiner Träume zu schaffen.
Zur Vergebung gehört,
das Recht zur Bestrafung aufzugeben.
Das ist so, als wenn du eine Schuld erlässt.
Du tust so, als ob das Vergehen
überhaupt nie passiert wäre.

Bitte missverstehe uns nicht. Wir sagen nicht, dass du ein Auge zudrücken solltest gegenüber Dingen, die dein Partner tun mag und die für dich nicht okay sind. Ein Teil von dem, was jeden von uns immer tiefere Ebenen der Intimität hat erreichen lassen, ist die Bereitschaft gewesen, mit uns selbst und miteinander ganz offen darüber zu sein, welches Verhalten akzeptabel ist und welches nicht. In jeder Beziehung wird es jedoch Zeiten geben, zu denen sich jeder von euch gefühllos verhalten wird. Ihr könnt entweder eine Liste von Vergehen aufstellen, oder ihr könnt einander wirklich vergeben und weitergehen.

PRÜDERIE UND SEXUELLE VERKLEMMUNG

Viele Menschen haben Gedanken oder Phantasien darüber, in sexueller Hinsicht frei und expressiv zu sein, doch wenn sie mit der Realität des Sexualaktes konfrontiert sind, dann setzt sich oftmals alte Konditionierung und Programmierung durch. Wenn du dazu erzogen wirst, zu glauben oder zu *wissen,* dass Sex etwas Schlechtes, schmutzig, unmoralisch oder sündig ist, dann werden diese Überzeugungen, wenn sie nicht hinterfragt werden, ernstlich die Möglichkeit untergraben, eine bereichernde sexuelle Beziehung mit deinem Partner zu haben.

Wir haben einen Mann gekannt, der uns erzählte, dass er mit seinen Kumpels einen trinken ging und das Gespräch sich häufig um Sex und ihre Freundinnen und Ehefrauen drehte. Während dieser Zusammenkünfte malten er und seine Freunde sich in ihrer Phantasie aus, was ihnen bei einer Frau gefallen würde:

„Oh, ich hätte wirklich gerne, wenn meine Lady aggressiver wäre. Wisst ihr, wie ein Tiger im Bett sein."

Eines Nachts legte seine Frau ihre Hemmungen ab und wurde zu dem Tiger, den er sich immer gewünscht hatte. Dann passierte etwas äußerst Merkwürdiges: Mitten während des Liebens bekam er einen Schreck und begann sich Gedanken zu machen wie: *Ich frage mich, wo sie das gelernt hat? Ich frage mich, ob sie eine Art Professionelle war, bevor sie mich geheiratet hat? Wo bin ich bloß hineingeraten?*

Augenblicklich stellte er fest, dass er sich verkrampfte und zurückzog, und für diese Nacht war es mit dem Lieben vorbei. Seine Urteile über seine Frau waren derart offenkundig und unterdrückend, dass sie es sich nie wieder erlaubte, so frei und expressiv zu sein.

Eine andere Klientin von uns berichtete, dass sie einmal einen Partner hatte, der äußerst verstört war, wenn sie irgendwelche Laute während des Geschlechtsverkehrs von sich gab. Er war nicht dazu bereit, die Möglichkeit ins Auge zu fassen, dass er prüde war, und sie fühlte sich durch seine Urteile derart herabgesetzt, dass sie die Beziehung rasch beendete.

Um es noch einmal zu sagen: Wenn du eine wundervolle Beziehung haben möchtest, dann musst du zu dir und zu deinem Partner freundlich sein. Du musst auch den Mut haben, sozial konditionierte Reaktionen auf Sex und Intimität aufzudecken, so dass deine Vorurteile nicht eure vertrautesten gemeinsamen Zeiten beherrschen und das verderben, was ansonsten nährend wäre.

12
DIE KUNST DES ZUHÖRENS

Wir geben Kurse in der ganzen Welt und haben die Erfahrung gemacht, dass – unabhängig von der Kultur oder Sprache – die Menschen oft nicht wirklich und wahrhaftig zuhören. Zuhören wird häufig als ein passiver Akt empfunden. Wir beide haben festgestellt, dass, wenn „echtes Zuhören“ vorhanden ist, sich bestimmt eine zufriedenstellende Kommunikation daraus ergeben wird. Dieses Kapitel widmet sich der Kunst des Zuhörens. Wenn du jene Dinge entdeckst, die dich am Zuhören hindern, wirst du gleichzeitig damit auch viele Dinge entdecken, die dir bei Beziehungen und bei alltäglichen Interaktionen im Weg stehen. Wenn du die Kunst des Zuhörens erlernst, dann wirst du in allen Aspekten deines Lebens erfolgreicher, produktiver und zufriedener.

Echtes Zuhören ist uns nicht beigebracht worden, als wir in unseren Familien, unter unseren Freunden oder in der Schule herangewachsen sind. Echtes Zuhören verlangt, im Augenblick zu sein. Es verlangt auch, dass du deinen Standpunkt, deine Gedanken und deine inneren Programme loslässt. Echtes Zuhören ist eine Kunst.

Hast du jemals überprüft, ob du wirklich zuhörst oder nicht? Hast du festgestellt, was deine Fähigkeit hemmt, tatsächlich zu hören, was ein anderer sagt, in der Absicht zu erkennen, was er von seinem Standpunkt aus meint? Wir sprechen hier über ein Programm der Selbsterziehung.

Als Erstes musst du den Wunsch haben, von einem unvoreingenommenen Standpunkt aus herauszufinden, wie du zuhörst und wie deine Interaktion mit deinem Leben ist. Es geht nicht um den

Versuch, das zu verändern oder in Ordnung zu bringen, was du bei dieser Selbstüberprüfung deiner eigenen Verhaltensmuster bemerkst. Wenn du einfach feststellst, welche Beziehung du zu deinem Leben hast, dann reicht das an sich schon aus, um vorher störende Verhaltensmuster zu vollenden. Häufig sind keine weiteren Handlungen dafür notwendig. Das trifft auch auf die Art und Weise zu, wie du zuhörst, nicht zuhörst oder dich vom Zuhören ablenkst.

ECHTES ZUHÖREN

Wenn jemand nicht das Gefühl hat, gehört zu werden, dann erwächst daraus Frustration und es werden bestimmt Missverständnisse auftreten. Es verlangt jedoch ein bestimmtes Maß an Offenheit, um tatsächlich zu hören, was gesagt wird. Es gibt Hindernisse dafür, um deinem Partner wirklich zuzuhören. Häufig sind die Menschen nicht offen dafür, um einfach bloß zu hören, weil sie bereits mit einem Gedanken oder einer Handlung beschäftigt sind. Wir Menschen können immer nur eine Sache auf einmal tun, wenn wir sie gut machen wollen. Wenn du dich vergewisserst, dass du die Aufmerksamkeit deines Partners hast, so ist dies die beste Art und Weise, um anzufangen, wenn du etwas Wichtiges zu sagen hast.

Echte Kommunikation verlangt,
dass die Person, die dem zuhört, was gesagt wird,
dies vom Standpunkt der Person aus tut,
die spricht.
Dies ist ein Vorsatz,
den Standpunkt des anderen zu verstehen.

Wenn dein Partner sagt: „Es macht mir wirklich Spaß, mich eiskalt zu duschen“, und du denkst, diese Ansicht sei dumm, dann wirst du dem nicht zustimmen und in deinem Kopf kommentieren, anstatt einfach nur zu *hören,* was er/sie von seinem/ihrem Standpunkt aus sagt. Viele von uns fürchten sich jedoch so davor, dass wir manipuliert werden, etwas zu tun, was wir nicht tun möchten, dass wir uns weigern zuzuhören aus Angst, es werde eine weitere Forderung an uns gestellt, die wir nicht erfüllen möchten.

BEREITS MIT EINEM PROBLEM BESCHÄFTIGT SEIN

Wenn dich ein Gedanke oder etwas, das du für problematisch hältst, beschäftigt, dann kannst du nicht zuhören, weil dein Verstand immer nur eine Sache auf einmal erfassen kann. Wenn du dir Gedanken über etwas machst, dann wirst du nicht hören, was zu dir gesagt wird.

Wir beide telefonierten mit unserer Freundin Serela. Als wir miteinander redeten, wurde das Gespräch zunehmend konfuser und gestelzter, während sie immer schneller sprach und Fragen beantwortete, die wir nicht einmal gestellt hatten. Das Ganze wurde hektisch, wirr und frustrierend. Dies war ein seltsames Telefongespräch. Wir fragten uns, was passiert war, um Serela, die noch am Vortag ruhig und konzentriert gewirkt hatte, so abgelenkt und sprunghaft zu machen. Wir stellten ihr einige Fragen mit der Absicht, eine Erklärung für die rätselhafte Wendung der Ereignisse zu finden.

Zuerst erkundigten wir uns, ob Serela sicher sei, dass es ein guter Zeitpunkt zum Reden sei, weil sie in Eile zu sein schien. Sie versicherte uns, dass es in ihrem Zeitplan nichts Dringendes gebe und viel Zeit zum Plaudern sei. Daher sagten wir, dass sie mit etwas anderem beschäftigt zu sein schien, und fragten sie, ob am vergangenen Tag etwas passiert sei, worüber sie sich aufgeregt habe. Serela wurde einen Augenblick lang still und erzählte uns dann, dass mitten in der Nacht ihr Exfreund angerufen habe. Nachdem er ihr gesagt hatte, wie gemein sie sei und wie sehr sie ihn verletzt habe und wie traurig er sei, weil sie Schluss gemacht hätten, habe er eingehängt. Den ganzen Morgen hatte Serela im Geiste mit ihm geredet und ihm all die Dinge gesagt, die zu sagen sie keine Gelegenheit hatte. Sie stritt sich im Geiste mit ihm, während sie versuchte, sich selbst zu versichern, dass sie in Wirklichkeit nicht gemein sei.

Als Serela mit uns sprach, war es ihr schwergefallen, wirklich zu reden und zuzuhören, weil sie bereits mit dem fortlaufenden Gespräch in ihren Gedanken beschäftigt war. Als sie einfach erkannte, dass der Telefonanruf von ihrem Exfreund sie aus dem Gleichgewicht gebracht hatte, kam sie wieder zu sich selbst und plötzlich war auch unsere Kommunikation wieder klar.

Die meisten von uns sind sich dessen nicht bewusst, wenn wir eigentlich etwas anderes tun als zuzuhören. Wir haben nicht erkannt, dass wir mit etwas anderem beschäftigt oder geistesabwesend sind, so dass wir nur zum Teil hören, was gesagt wird, und dieses teilweise Hören ist fast immer ungenau.

Hast du jemals bemerkt, wie manche Menschen dieselben Dinge immer wieder zu dir sagen? Das geschieht im Allgemeinen deshalb, weil du sie beim ersten Mal nicht wirklich gehört hast. Da Zuhören eher ein aktiver als ein passiver Akt ist, der deine volle Aufmerksamkeit verlangt, hinterlässt es, wenn du gänzlich mit etwas anderem beschäftigt bist, während du jemandem zuhörst, bei diesem den Eindruck, nicht gehört worden zu sein. Und das stimmt in der Tat. Wie könnte ein Baseballspieler einen Ball fangen, wenn er bereits einen Baseball in seinem Fanghandschuh hätte? Das ist es im Grunde, was du zu tun versuchst, wenn du in Gedanken mit etwas beschäftigt bist, während du einem anderen zuhörst. Das ist so, als würdest du versuchen, eine Mitteilung aufzufangen, obwohl dein „Fanghandschuh" bereits voll ist.

DIE LÜCKEN AUSFÜLLEN

Wie wir bereits in früheren Kapiteln besprochen haben, ist unser Verstand wie ein Computer und kann nur mit dem umgehen, was er schon weiß. Wenn du zum Beispiel ein Wort hörst, das du nicht bereits in deiner geistigen Datenbank hast, dann wirst du wahrscheinlich die Lücke mit einem ausfüllen, das dein logisches System für dasselbe oder eine plausible Nachbildung hält.

Hier ein Beispiel, wie das funktioniert:

Anfangs, als wir in unser Haus umzogen, waren wir nicht mit der Gegend vertraut, stellten aber bald fest, dass eine der Städte in der Nähe unseres Wohnortes „Flemington" heißt. Nachdem wir eingezogen waren, wurde unsere Freundin und Immobilienmaklerin Nina in eine leitende Position in einem neuen Immobilienbüro in Flemington befördert – so dachten wir jedenfalls. Wochenlang fuhren wir an ihrem neuen Standort vorbei und suchten auf dem Parkplatz nach ihrem Auto. Es sah so aus, als wäre sie niemals da. Schließlich riefen wir sie an und sagten: „Wir haben versucht, heute bei dir vorbeizukommen, aber du bist unterwegs gewesen. Mensch, du musst viel zu tun haben, wir fahren immer bei dir vorbei und dein Auto steht nie auf dem Parkplatz."

Sie entgegnete: „Wovon sprecht ihr? Ich war heute den ganzen Tag über da."

Daher fragten wir sie, ob sie ein neues Auto habe – aber nein, das war nicht die Lösung. Scheinbar hatten wir uns verhört, als Nina uns erzählte, sie sei befördert worden. Tatsächlich arbeitete sie überhaupt nicht in Flemington. Sie leitete das Büro in Pennington. Da wir nie von Pennington gehört hatten, hatte unser Verstand einfach die Lücke ausgefüllt.

DAS ERGÄNZEN, WAS DU ERWARTEST

Wenn du mit jemand eine Beziehung hast, glaubst du nach einer Weile, dass du diese Person *kennst* und dass du bereits weißt, was er/sie sagen wird. Wenn die ersten paar Worte ausgesprochen sind, glaubst du zu wissen, wie es weitergeht. In deinem Verstand füllst und ergänzt du daher die Lücken mit dem, was du zu hören erwartest, und hörst nicht mehr dem zu, was dein Partner tatsächlich sagt. In den meisten Fällen magst du recht haben. Es gibt jedoch Zeiten, wenn dein Partner vielleicht etwas anderes sagen wollte, und du warst nicht empfänglich für das, was er/sie äußern wollte, da du bereits den Ball in deinem Fanghandschuh hattest. Oder du wirst vielleicht nicht einmal hören, was gesagt wird, weil du glaubst, es bereits zu kennen, und in deinen Gedanken schon wieder ganz woanders bist. Wenn dem so ist, dann besteht die Wahrscheinlichkeit, dass dein Partner sich missachtet fühlen wird.

An dieser Stelle müssen wir noch einmal über das physikalische Gesetz sprechen, das gleichzeitig auch das zweite Prinzip der Transformation ist und lautet: Zwei Dinge können nicht denselben Raum zur selben Zeit einnehmen. Wenn dein Verstand bereits mit dem beschäftigt ist, was du zu sagen beabsichtigst, wenn du die Gelegenheit dazu bekommst, dann besteht keine Möglichkeit, dass du tatsächlich das hören kannst, was zu dir gesagt wird. Und das spielt sich auf der elementarsten Ebene ab. Wenn du deinen Standpunkt verteidigst, dann wirst du nicht hören wollen, was gesagt wird, so wie bei Rogers Beispiel, der seine 6 Prozent sofort ausbezahlt bekommen wollte. Wenn du dich selbst verteidigst, dann wird dein Verstand das manipulieren, was gesagt wird, damit du widersprechen, es als unrichtig nachweisen und dir selbst oder deinem Standpunkt recht geben kannst.

Hast du jemals festgestellt, dass du bei deinem Partner Anstoß an dem Gebrauch von Worten oder eines bestimmten Wortes genommen hast, anstatt dich die Essenz dessen hören zu lassen, was er/sie sagt? Häufig, wenn Menschen ein Gespräch miteinander führen, versuchen sie zu beweisen, dass das, was sie für wahr halten, auch wahr ist. Wenn wir einem anderen zuhören, halten wir auf diese Weise immer noch an unserem Standpunkt fest.

Wenn du das, was du sagen möchtest,
fallen lässt und zuhörst,
wenn du empfänglich bist,
dann könntest du entdecken,
dass du etwas völlig Neues und Passenderes zu sagen hast.
Wenn das, was du ursprünglich sagen wolltest, immer
noch relevant ist,
wird es dir von selbst wieder einfallen.

WIE DU ZUHÖRST, IST KULTURELL BEEINFLUSST

Eines Tages, als wir an der italienischen Riviera die Straße entlangliefen, sahen wir ein kleines Mädchen von drei oder vier Jahren, das mit einem seiner Eltern ein Gespräch führte. Was uns am meisten beeindruckte war, wie sie sich mit ihren Händen ausdrückte. Die kulturelle Angewohnheit des Gestikulierens in dieser Region besteht darin, die Hände als Ausdehnung der Worte nachdrücklich hin und her zu schwenken. Das Mädchen demonstrierte eine kleine Version der Gesten, die überall ringsum ausgeführt werden. Sie dachte nicht darüber nach, diese Kommunikationsform zu erlernen; sie hatte sie gemeinsam mit der Kultur verinnerlicht.

Auch du hast kulturell beeinflusste Formen des Beziehungsverhaltens verinnerlicht, wozu gehört, nicht dumm erscheinen zu wollen, recht zu haben und versuchen, gut auszusehen. Diese Formen des Beziehungsverhaltens sind zu Filtern geworden, durch die wir zuhören. Zuhören ist daher nicht einfach nur ein Akt zu hören, was ein anderer zu sagen hat. Jede Mitteilung durchläuft eine rasche Überprüfung, um zu erkennen, ob sie unser inneres Programm beeinträchtigen könnte, weiterzukommen, zu gewinnen, intelligent zu sein oder gut auszusehen.

MIT EINEM INNEREN PROGRAMM ZUHÖREN

Ein Haupthindernis für das Zuhören sind unsere inneren Programme. Es ist kein Problem, etwas zu wollen, wenn du mit einer anderen Person redest, falls du dir dessen bewusst bist. Wenn du beispielsweise als Verkäufer eine Kommission für das bezahlt bekommst, was du verkaufst, dann bevorzugst du es offensichtlich, dass potenzielle Kunden etwas kaufen. Wenn du jedoch darauf drängst, deine versteckten Absichten zu verfolgen, anstatt darauf zu achten, die Bedürfnisse des Kunden zu berücksichtigen, dann wirst du die Leute sicherlich abschrecken und Einbußen bei den Verkäufen haben. Wenn du deine versteckten Absichten verfolgst, wird tatsächlich oft das Gegenteil des gewünschten Ergebnisses bewirkt.

Die Menschen sind häufig viel mehr daran interessiert, nicht dumm zu erscheinen, als wirklich zuzuhören. Das ist so, als wäre es schlimm, etwas nicht zu wissen, und daher macht dieses Programm den Zuhörer blind. Das geschieht auf die Weise, dass es nicht darauf ankommt, was der andere zu ihm sagt. Vor allem darf er nicht dumm erscheinen, so dass er ständig versuchen muss, sich auszudenken, was er als Antwort darauf sagt.

Bitte versteh uns nicht falsch. Es ist nicht verkehrt, einen bestimmten Vorsatz zu haben. Wenn du dir beispielsweise eine bessere Beziehung oder mehr Intimität wünschst, so ist das kein Problem. Das Problem entsteht dann, wenn du dir deiner eigenen Absichten nicht bewusst bist und mechanisch dazu angetrieben wirst, sie zu verfolgen. Wenn du dir der Dinge bewusst bist, die du möchtest (oder nicht möchtest), dann kannst du diese Vorlieben einbeziehen und aktiv dem zuhören, was dein Partner zu sagen hat.

ATMEN HILFT WIRKLICH

Manchmal musst du nur einmal richtig tief Luft holen und dir selbst sagen, dass das, was dein Partner zu sagen hat, dich nicht verletzen wird. Es hilft, tief Luft zu holen, dich ein wenig zu entspannen und zuzuhören, ohne dich zu verteidigen. Die Fähigkeit zuzuhören, ohne dich zu verteidigen, ist ein sehr kraftvolles Werkzeug, doch es erfordert Selbstdisziplin, dich selbst tatsächlich hören zu lassen, was ein anderer sagt, ohne dich dagegen zu schützen oder deinen Standpunkt als richtig nachzuweisen.

MITGEFÜHL – MITGEFÜHL – MITGEFÜHL

Wenn dein Partner mit dir über etwas redet, was du getan oder nicht getan hast und was ihn oder sie verstimmt hat, und wenn du erkennst, dass du gar nicht anders hättest handeln können, als du es getan hast, dann hast du die Möglichkeit, Mitgefühl für dich selbst zu haben. Wenn wir von Mitgefühl für dich selbst sprechen, dann sprechen wir von einem Zustand der Gnade, der Vergebung. Die meisten von uns haben die irrtümliche Meinung, dass wir unser Leben anders hätten leben können, als wir es getan haben; aber wenn du zurückblickst, wirst du erkennen, dass alles, was du in deinem Leben getan hast, dich zu diesem Punkt geführt, dich dorthin gebracht hat, wo du jetzt bist. Auch wenn du rückblickend vielleicht denken magst, dass du Dinge auf andere Weise hättest tun können, hast du, als du tatsächlich diese Umstände durchlebtest, nur das getan, was du zu dieser Zeit tun konntest, und du hättest es in Wirklichkeit gar nicht anders tun können. Vielleicht, *im Idealfall*, würdest du es anders gemacht haben, aber auch das ist wiederum nur im Rückblick so.

Um dies zu verdeutlichen, wollen wir noch einmal zu der Analogie mit dem Fotoapparat zurückkehren, die wir in einem früheren Kapitel angeführt haben. Wenn wir ein Bild von dir mit einer Kamera machten und du würdest dich hinsetzen und lächeln, hättest du dann in genau demselben Augenblick, in dem sich der Verschluss der Kamera öffnet und schließt, dastehen und finster dreinschauen können? Natürlich nicht. Nun, hättest du zwei Sekunden, bevor wir dich fotografierten, anders sein können als in jenem Augenblick? Die einzige Antwort, mit der wir aufwarten können, ist Nein. Wenn du diesen Vergleich mit dem Fotoapparat heranziehst und ihn zeitlich zurückspulst, dann kannst du erkennen, dass alles, was in deinem Leben passiert ist, nur so hätte passieren können, wie es der Fall war, und nicht auf die Art und Weise, wie du dachtest, dass es hätte passieren sollen. Dies öffnet die Tür für die Möglichkeit von Mitgefühl: Mitgefühl für dich selbst und für andere.

In der Philosophie gibt es den Begriff des Determinismus kontra freier Wille. Unter Determinismus verstehen die Philosophen, dass dein Leben vorherbestimmt ist und dass du eigentlich keine Wahl bei der Art und Weise hast, wie die Dinge sind. Freier Wille bedeutet, dass du die vollkommene Wahl bei der Art und Weise hast, wie die Dinge sind. Wir sagen, dass du keine Wahl bei der Art und Weise hast, wie die Dinge *waren.* Du wirst vielleicht den Gedanken haben, dass die Art und Weise, wie die Dinge waren, anders hätte sein sollen oder können, aber Tatsache ist, dass du keine Wahl hast. Die Dinge sind so gewesen, wie sie waren. Du wirst vielleicht eine Wahl haben, wie die Dinge in Zukunft ausgehen werden, aber die Vergangenheit ist bereits festgeschrieben, und du hättest nicht anders handeln können, als du es getan hast.

Wenn du denkst, dass du Dinge hättest anders machen können, besteht der einzige Nutzen darin, dass du die Vergangenheit dazu verwenden kannst, dich selbst zu quälen. Wir haben festgestellt, dass sich selbst zu quälen keine großartigen Beziehungen hervorbringt, und schlagen dir daher vor, dies nicht zu tun.

DIE VERGANGENHEIT NEU INTERPRETIEREN

Selbst, wenn du akzeptierst, „was vorbei ist, ist vorbei“, dann mag die Vergangenheit abgeschlossen sein, doch ist sie immer noch offen für Interpretationen; hier quälen sich viele Menschen immer wieder und schränken dadurch ihre Fähigkeiten ein, wundervolle Beziehungen herzustellen. Hier ist eine Geschichte, die eine andere Möglichkeit illustriert:

Es war einmal ein alter Mann, der in einem Königreich lebte, und wenn er auch ansonsten arm war, besaß er einen prächtigen weißen Hengst. Eines Tages ritt der König durch das winzige Dorf des alten Mannes und erspähte das erlesene Pferd. Da er ein ehrenwerter König war, bot er dem alten Mann ein Vermögen, um ein derart prächtiges Ross zu erwerben.

Der alte Mann dachte über den ansehnlichen Vorschlag des Königs nach und sagte: „Danke, Majestät, für Euer großzügiges Angebot, aber ich würde mein Pferd lieber behalten!“

Nachdem der König fortgeritten war, umringten die Dorfbewohner den alten Mann. „Alter Mann“, sagten sie, „was für eine Dummheit! Du hättest reicher als in deinen kühnsten Vorstellungen sein können, wenn du das Angebot des Königs angenommen hättest!“

Darauf erwiderte der alte Mann: „Dumm, klug, ich weiß nicht. Ich weiß nur, dass ich mein Pferd noch habe.“

Etwa eine Woche später brach der weiße Hengst aus seinem Gehege aus und lief während der Nacht fort. Rasch waren die Dorfbewohner mit ihren Kommentaren bei der Hand: „Alter Mann, was für eine schreckliche Wendung der Ereignisse. Nun hast du weder Pferd noch Reichtum!“

Darauf erwiderte der alte Mann: „Schrecklich, wunderbar, ich weiß nicht. Ich weiß nur, dass mein Hengst fort ist.“

Eine Woche verging, und der Hengst kehrte zurück; er brachte eine ganze Herde von wilden Stuten mit. Die Dorfbewohner versammelten sich außerhalb des Geheges des alten Mannes, um die Stuten zu bewundern. „Alter Mann!“, riefen sie, „was für ein wunderbarer

Glücksfall. Nicht nur hast du deinen wertvollen Hengst zurückbekommen, sondern du hast auch das große Glück, eine ganze Herde von Stuten zu besitzen!"

Der alte Mann betrachtete prüfend den Hengst und seine neuen Stuten und erwiderte: „Wunderbar, schrecklich, großes Glück, Unglück, ich weiß nicht. Ich weiß nur, dass ich meinen Hengst zurück habe, und auch die Stuten sind hier."

Eine Woche später, als er versuchte, eine der neuen Stuten zuzureiten, wurde der einzige Sohn des alten Mannes abgeworfen und brach sich beide Beine schwer. Die Dorfbewohner waren rasch bei der Hand, ihre Meinung mitzuteilen. „Alter Mann", sagten sie und schüttelten betrübt ihre Köpfe, „was für ein unglücklicher Unfall. Wie schrecklich. Wenn du doch nur das Pferd verkauft hättest, dann würde dein Sohn sich nicht seine Beine gebrochen haben. Wer wird sich jetzt um dich kümmern, wenn du alt bist?"

Der alte Mann erwiderte: „Unglücklich, glücklich, schrecklich oder nicht, ich weiß nicht. Ich weiß nur, dass mein Sohn sich die Beine gebrochen hat."

Eine oder zwei Wochen später zog das Königreich in den Krieg gegen einen Feind mit einem weitaus größeren Heer. Alle wehrfähigen jungen Männer wurden zu den Streitkräften eingezogen und würden von dort mit ziemlicher Sicherheit nicht mehr zurückkehren …

Und so geht die Geschichte weiter. Du kannst jedes Ereignis in deinem Leben neu interpretieren, damit es zu deinem gegenwärtigen Standpunkt oder Programm passt. Die Wahrheit lautet: Was passiert ist, ist passiert, und wenn du es wahrnimmst und sein lässt, dann kannst du mit deinem Leben fortfahren. *Was?,* könntest du nun vielleicht sagen, *muss ich mich nicht an meine Missetaten erinnern und mich dafür bestrafen, damit ich sie nie wieder begehen werde?* Nein, das musst du nicht. Wenn du etwas wahrnimmst, das du irrtümlich getan oder gesagt hast, und es tatsächlich wahrnimmst, ohne dich zu verurteilen, dann hast du deine Lektion bereits gelernt. Es ändert nichts, wenn du dich deswegen bestrafst und dich schlecht fühlst. Wenn du den Irrtum deiner Verhaltensweisen wirklich erkannt hast, dann wirst du sie nie mehr wiederholen müssen.

DIE KRAFT, SICH EHRLICH ZU ENTSCHULDIGEN – UND EINE ENTSCHULDIGUNG WIRKLICH ANZUNEHMEN

Es spielt keine Rolle, wie gut du kommunizierst, wie sensibel du bist, wie verliebt du in deinen Partner bist und wie vollkommen du mit ihm zusammenpasst – früher oder später wirst du irgendetwas tun, was es zerstört. Wenn das passiert, dann gibt es tatsächlich einen Zauberstab, der die Verletzung auflösen und die Beziehung wiederherstellen kann. Dich aufrichtig zu entschuldigen kann eine Welt von Verletzungen ausbessern. Es gibt einige Tricks, damit dies funktioniert, und andere Methoden, um dafür zu sorgen, damit sich, wenn du dich entschuldigst, die Situation nicht noch mehr entzündet. Hier sind sie:

Wenn du sagst, es tut mir leid, dann meine es auch, meine es wirklich. Es gibt nichts Aufreizenderes, als wenn jemand sagt, dass es ihm/ihr leid tut, nur um dich zu beschwichtigen, wenn er/sie in Wirklichkeit immer noch denkt, dass er/sie sich richtig verhalten hat. Hier ist ein Beispiel dafür. Versuche, die folgenden Worte zu sagen und festzustellen, was sich besser anhören würde: „Es tut mir leid, *falls* ich deine Gefühle verletzt habe“ oder „Es tut mir leid, *dass* ich deine Gefühle verletzt habe.“

Wenn dein Partner sich ehrlich entschuldigt, musst du dazu bereit sein, dies zu akzeptieren. Zu dem Zeitpunkt, wenn er/sie endlich das Vergehen „zugibt“, wirst du vielleicht ein großes Arsenal an Beispielen haben, wie er/sie dasselbe schon bei anderen Gelegenheiten getan hat. Jemandem etwas unter die Nase reiben wird den Streit nur neu entfachen und es deinem Partner in Zukunft bestimmt nicht leicht machen, sich wieder zu entschuldigen. Wenn du dafür bestraft wirst, dass du ehrlich bist, dann ist es weitaus weniger wahrscheinlich, dass du in Zukunft ehrlich bist.

In einem höheren Sinne mag es stimmen, dass das, was du tust, deinen Partner nicht verletzt, stört oder ärgert, aber auf der alltäglichen Ebene ist es in Wirklichkeit so, dass du vieles tun kannst, was sich schädlich auswirken kann. Zu sagen, dass es dir leidtut und es auch zu meinen, verletzt nur dein Ego, kann aber die Brücke zwischen dir und einem anderen wieder aufbauen, so dass du die Erfahrung machen kannst, immer noch verliebt zu sein, lange nachdem die Rose der ersten Anziehung erblüht und verwelkt ist.

MITCHS GESCHICHTE

Wir wollen nun zu unserem Abendseminar zurückkehren, aus Ariels Sicht erzählt, und die Erforschung von Transformation und wie man wundervolle Beziehungen herstellt fortsetzen.

Als das Montagabendseminar weiterging, fragte Shya; „Wer hat sonst noch eine Frage?"

Der stämmige Mann im hinteren Teil des Saales hob die Hand. „Nun, ich glaube ich, wenn niemand sonst etwas sagen will."

„Nur zu", antworteten Shya und ich einstimmig.

„Wie heißt du?" fragte Shya, während er sich etwas vorbeugte, und ich spürte, dass er die Antwort bereits kannte.

„Mitch."

„Ahh, ich dachte mir schon, dass du es bist. Schön, dich zu treffen, Mitch. Was können wir für dich tun? Über was genau möchtest du gerne reden?"

Mitch hatte uns in der Woche zuvor angerufen, um sich zu erkundigen, was unsere Gruppen beinhalteten. Er wollte wissen, ob wir ihm in seiner schwierigen Lage helfen konnten, mit seiner Scheidung umzugehen.

„Nun, Shya, wie ich dir schon am Telefon sagte, werde ich geschieden und bin so wütend darüber. Ich bin kein gewalttätiger Typ oder dergleichen, aber ich habe diese Phantasievorstellungen, dorthin zu gehen, wo sie arbeitet, und sie mit irgendeinem Burschen zu erwischen und ihn mir zu greifen und in Stücke zu reißen."

Die Atmosphäre im Raum wurde plötzlich angespannt. Jemand dachte: *Hier ist jemand mit einem echten Problem. Ich bin gespannt, wie sie damit umgehen werden.*

„Du bist also wütend?"

„Jaaa!"

„Das Problem ist, du glaubst, dass deine Wut von deiner Frau verursacht wird, die sich von dir scheiden lässt. Du bist einfach wütend; die Trennung von deiner Frau wirkt wie ein Auslöser. Sehen wir mal, ob ich dir ein Beispiel geben kann, um das deutlicher zu machen. Weißt du, wie eine Gewehrkugel funktioniert?"

„Wie?" Ich konnte sehen, dass Mitch verblüfft war über die Art und Weise, wie das Gespräch verlief. Er war sich nicht sicher, was eine Gewehrkugel mit seinem augenblicklichen Problem zu tun hatte.

„Eine Gewehrkugel", sagte Shya, „hat ein Projektil in einer Hülse, die mit Zündstoff, Schießpulver und einer Zündkapsel versehen ist. Wenn abgedrückt wird, trifft der Zündbolzen die Kugel; es kommt zu einer chemischen Reaktion, welche die Zündkapsel entzündet, das Schießpulver dehnt sich aus und zwingt das Projektil durch den Gewehrlauf nach außen. Hättest du eine Kugel in einer Hülse ohne Schießpulver oder Zündkapsel, dann gäbe es keine Reaktion, wenn du abdrückst. Das Gewehr ist nur dann geladen, wenn die Kugel eine Ladung hat. Dass deine Frau dich verlassen hat, hat wie ein Auslöser, ein Abzug gewirkt, aber du bist derjenige, der schon vorher geladen war. Denke bitte nicht, dass ich gefühllos für das bin, was du gerade durchmachst. Ich habe selbst eine Scheidung durchgemacht und der Prozess war zeitweise quälend. Was ich dir sage ist, dass deine Wut nicht durch etwas verursacht wird. Unter anderen Umständen, wenn du beispielsweise die Straße entlangfährst und ein anderer Autofahrer dich im Verkehr schneidet oder nicht blinkt, wenn er abbiegt, wirst du wahrscheinlich auch wütend werden.

Wir empfehlen dir nicht, dass du auf die Suche nach einer Situation gehst, die dich aus der Fassung bringt, damit du ein ganzes Arsenal an Emotionen ‚durcharbeiten' kannst; aber wenn eine Beziehung zerbricht oder eine Person, die dir wichtig ist, stirbt und du wütend, verletzt oder durcheinander bist, dann sind dies vollkommene Gelegenheiten, dass du zulässt zu fühlen."

„Ich weiß, dass es nicht richtig ist. Ich habe versucht, damit aufzuhören, an sie zu denken, aber ich kann es nicht. Es hört nur auf, wenn ich mich ganz in meinen Tag vertiefe, aber nachts sind die Gedanken an sie wieder da."

„Ich habe eine Frage", sagte Shya, „bist du wütend, jetzt, in diesem Augenblick?"

„Jaaa!"

„Wo ist diese Wut in deinem Körper lokalisiert?"

„Es ist so ähnlich wie ein Brennen in meiner Brust", sagte er, während er seine Hand genau auf sein Brustbein legte und es in einer kreisförmigen Bewegung zu reiben begann, so als hätte er Sodbrennen.

„Also, Mitch, zu diesem brennenden Gefühl in deiner Brust. Wenn es eine Farbe hätte, welche Farbe wäre es dann?

„Ich glaube nicht, dass es eine Farbe hat."

„Aber wenn es eine Farbe hätte, welche Farbe wäre es dann?"

„Oh, ich würde sagen orange."

Ich öffnete den Mund, um etwas zu sagen, und Shya drehte sich um, um mich anzuschauen. „Meinst du, dass es zu früh ist?"

Ich schüttelte verneinend den Kopf. Ich wusste, wo Shyas Fragen hinführten, auch wenn Mitch es nicht wusste, aber ich wusste noch etwas anderes: Das Ergebnis aus diesem Gespräch würde voll und ganz davon abhängen, ob Mitch sein „Problem" Wut wirklich loslassen wollte oder nicht.

Ich war gründlich vertraut mit der Reihe von Fragen, die Shya zu stellen nun im Begriff war. Er hatte sie mir vor mehr als 20 Jahren bei unserer dritten Verabredung gestellt.

Es war an einem herrlichen Sonntagmorgen Ende August gewesen, und die Stadt New York schien sich für die vor ihr liegende Woche auszuruhen. Es war die Art von Morgen, an dem man die Avenues auf der ganzen Länge hinauf und hinunter sehen konnte, und selbst die Papierfetzen und der Müll schienen in der Morgensonne zu leuchten. Welch ein prächtiger Tag für eine Fahrt nach Jones Beach auf dem Rücksitz von Shyas Motorrad, einer blauen Yamaha 650 Special „Old Blue". Wir hatten unsere Handtücher und den Sonnenschutz hinter dem Sitz verstaut, und so vorbereitet verließen wir die Stadt.

Wir hatten den Eindruck zu fliegen. Wir waren beide mit Shorts und T-Shirts bekleidet, unsere Köpfe durch Helme geschützt, und die Sonne fühlte sich gut auf meiner Haut an. Welch ein köstlicher Tag im Leben! Selbst die Verkehrsampeln schienen auf unserer Seite zu sein.

Kurz nachdem wir durch die Unterführung nach Queens hinausgebraust waren, nahmen wir eine Ausfahrt und fuhren zu einer geöffneten Tankstelle. Shya hielt bei der Zapfsäule an, stellte „Old

Blue" auf den Kickständer und öffnete den Tank, um ihn aufzufüllen. Ich beschloss, meine Beine etwas zu strecken, und begann von dem Motorrad abzusteigen, als ich einen sehr heftigen, brennenden Schmerz spürte. Mit einem lauten Schrei sprang ich ab und schaute auf meine linke Wade hinab auf eine offene Wundstelle und etwas, das so aussah, als würde ein verbranntes Stück Haut herabhängen. Ich hatte mein Bein direkt gegen den heißen Auspuff gehalten. Ich starrte auf meine Verletzung und fand langsam eine Erklärung für das Offensichtliche: „Ich glaube, ich habe mein Bein verbrannt."

Nur ein einziger Blick klärte Shya über die ganze Geschichte auf und ließ ihn handeln.

„Eis!" Die Tankstelle hatte keines. Daher rannte Shya los, weil er versuchen wollte, etwas aufzutreiben. Aber dort, wo wir uns befanden, hatten auch die benachbarten Geschäfte Sonntagsruhe. Nicht einmal ein kleiner Laden oder ein Café hatte geöffnet. Wir drückten dem Tankstellenwärter eine Fünfdollarnote in die Hand und fuhren rasch los, um nach Jones Beach zu kommen, das die nächstgelegene Alternative für Eis zu sein schien. Der Fahrtwind auf der Brandwunde war schlimm. Die Luft, die nur Augenblicke zuvor Freiheit zu bedeuten schien, brachte nun Feuer mit ihrer Berührung. Der anfängliche Schock über die Verletzung war verflogen. Nun weinte ich ungehemmt, während ich Shya fest um die Taille gepackt hielt und wir zum Strand rasten.

Zu dem Zeitpunkt, als wir auf dem Parkplatz anhielten, war ich außer mir vor Schmerz. Shya fuhr an den Bordstein heran, stieg ab und ergriff unsere Sachen. Dann reichte er mir die Hand, und ich humpelte hinüber zu einem Verkaufsstand in der Nähe, wo es sicher Eis und etwas Linderndes zum Kühlen gab.

Ich stand zitternd daneben, fast stumm vor Schmerz, während Shya zu der erstbesten Verkäuferin hinter der Ladentheke lief. „Schnell, ich brauche etwas Eis. Meine Freundin hat sich schwer verbrannt."

Ich drehte mich um, um ihr mein Bein zu zeigen, das nun weiß und rot war, rohes Fleisch, völlig versengt und ziemlich ekelerregend anzusehen. Manchmal, wenn ich jemanden mit einer besonders unangenehm aussehenden Schürfwunde sehe, habe ich eine Sinneswahrnehmung, die mich im Magen oder in der Leistengegend durchzuckt, wenn ich mir den Schmerz vorstelle. Wäre ich eine zufällige Beobachterin gewesen, dann hätte der Anblick meines Beines sicher eine ähnliche Anwandlung hervorgerufen.

„Es tut mir leid, wir haben kein Eis, mein Herr", sagte die Verkäuferin mit übertrieben fröhlicher Stimme. Ich starrte sie mit offenem Mund an. Sie schien 17 oder 18 zu sein, hatte braunes Haar, zu einem Pferdeschwanz zurückgekämmt, und ich konnte nicht glauben, dass sich hinter ihrer kleinen gerümpften Nase jemand dermaßen Einfältiges verbarg.

„Das stimmt nicht!" Shya schrie fast, während er versuchte, sich zu beherrschen. Selbst während unseres Gesprächs gingen Kunden mit Riesenbechern Cola weg, aus denen jede Menge Eiswürfel hervorschauten. „Sehen Sie nur, sie hat sich schwer verbrannt, wir brauchen das Eis!"

„Es tut mir leid, mein Herr, wir können kein Eis weggeben. Eis ist nur für Leute reserviert, die Erfrischungsgetränke kaufen", sagte sie im selben Tonfall und mit derselben zuckersüßen Stimme.

Vielleicht heißt sie Chatty Cathy, kam mir flüchtig der Gedanke. Als ich klein war, hatten meine Schwestern und ich eine Puppe mit braunen Haaren, in deren Körper ein winziges Tonband versteckt war; an ihrem Hals hing eine Schnur mit einem weißen Plastikring. Wenn wir einen Finger in den Ring steckten und daran zogen, sagte Cathy jedes Mal einen von acht oder neun vorher aufgenommenen Sätzen, wie: „Ich möchte spazieren gehen" oder „Kann ich einen Schluck Wasser bekommen?". Aber manchmal blieb die Puppe stecken und sagte dann denselben Satz immer wieder, wie oft man auch an der Schnur zog.

Das Mädchen hinter der Theke blickte Shya immer noch erwartungsvoll an, ob tatsächlich doch noch eine Bestellung für eine Cola oder eine Orangenlimonade herausspringen würde, während er genug davon hatte, mit einem Automaten zu diskutieren. Gerade als Shya sein Bein hoch auf die Theke schwang, um darüberzuklettern und das Eis selbst zu holen, rettete Tom, der Geschäftsführer, uns alle.

Der etwas untersetzte Mann Mitte dreißig bahnte sich seinen Weg an den anderen Mitarbeitern vorbei und sagte. „Ist irgendetwas nicht in Ordnung, Marci?"

Ihre kleine Nase kräuselte sich, während sie sich anschickte zu erklären: „Nun, Tom …"

Aber Shya wollte nicht länger warten. Immer noch gewillt, sich notfalls über die Theke zu schwingen, wiederholte er seine dringende Bitte nach Eis, während ich Tom die Brandwunde zeigte. Mit einer schwungvollen Bewegung füllte der Geschäftsführer einen großen Becher mit Eis und sagte: „Tut mir leid, Leute. Kommen Sie nur ja wieder, wenn Sie mehr brauchen."

Als wir uns auf den Weg zu dem nahe gelegenen Strand machten, hörten wir, wie er dem Mädchen erklärte: „Es ist in Ordnung, Eis herauszugeben, wenn jemand verletzt ist, Marci." Ich hüllte die Eiswürfel in eine Papierserviette und presste das Kalte zögernd auf meine Wunde. Die Berührung des Papiers war qualvoll, und ich stellte fest, dass ich zitterte. Als das Eis zu schmelzen begann und mein Bein herabtröpfelte, fand ich endlich ein wenig betäubende Linderung.

Schließlich teilten Shya und ich uns einen Teller mit fettigen Pommes frites und Ketchup, und mir wurde klar, dass ich mich an diesem Tag nicht auf mein Handtuch legen und sonnen würde. Schon der Gedanke an Sand auf meiner Wade ließ mich zusammenzucken. Daher blieben wir am Tisch sitzen, beobachteten die Leute, nippten schließlich doch noch an einem Riesenbecher Cola und schauten auf das verlockende Meer in der Ferne, während wir darauf warteten, dass das Kältegefühl sich ausbreiten und die brennende Stelle an meiner linken Wade beruhigen würde.

Als der Schmerz endlich weitgehend unter Kontrolle war, beschlossen wir, den Schaden zu begrenzen und nach Hause zu fahren. Ich füllte meine Serviette wieder mit Eisstückchen für die Rückfahrt in die Stadt auf, und wir machten uns auf den Weg zum Parkplatz, wo „Old Blue", unser treues Stahlross, stoisch unsere Rückkehr erwartete.

Es gab nur ein Problem bei diesem Plan: Bis wir beim Motorrad angekommen waren, war der Schmerz in meinem Bein zehnfach stärker wieder aufgeflammt, und jede Bewegung war zu einer Qual geworden, da sich der Wadenmuskel mit jedem Schritt unter der Wunde beugte und zusammenzog. Es fühlte sich an, als würde die Haut austrocknen und aufspringen, und das Pochen, das durch die Eiskompresse weitgehend in Schach gehalten worden war, fing wieder kräftig an.

Ich setzte mich auf den Bordstein neben das Motorrad, drückte die Kompresse gegen mein Bein, legte den Kopf auf meine Knie und begann zu weinen. Ich konnte fühlen, dass meine Schultern unter meinen Schluchzern hin und her schwankten, doch sie konnten ebenso wenig unter Kontrolle gehalten werden wie das heftige Pochen durch die klägliche Menge Eis, das ich noch in der Serviette übrig hatte. Schon der bloße Gedanke an Wind, der auf dem Heimweg über die offene Wunde streichen würde, reichte aus, um mein Schluchzen zu verstärken.

Shya setzte sich neben mich und nahm meine freie Hand in seine. Sanft drang seine Stimme an mein Ohr: „Ariel, lass uns nun den Schmerz zusammen ansehen. Okay?"

„NEIN! Fass es nicht an!", schrie ich und beugte mich schützend über das Bein.

„Ariel", fuhr er ruhig fort, „ich möchte es nicht anfassen. Lass uns nur den Schmerz untersuchen. Okay?"

Zögernd hob ich den Kopf. Ich blickte in seine forschenden Augen und nickte langsam, während mir die Tränen das Gesicht herabströmten.

„Vertrau mir", sagte er.

Als ich in seine Augen schaute, die blaugrün mit braunen Sprenkeln waren, hatte ich keinen Zweifel daran, dass ich diesem Mann vertrauen konnte. Da war eine Ruhe in ihm – eine Festigkeit, die sich auf mich zu übertragen schien. Mein hysterisches Schluchzen legte sich etwas, mir lief die Nase und ich hatte Schluckauf; doch immer noch liefen mir die Tränen lautlos über die Wangen. Während ich mir wünschte, aus meiner Haut schlüpfen und sie abstreifen zu können, war der Schmerz in meinem Bein sehr real und quälend, und kein noch so großer Wunsch, es wäre anders, schien die Situation zu verändern.

„Bist du bereit?", fragte er. Ich nickte und so fingen wir an. Ich wusste damals nicht, dass wir eine magische Handlung ausführen würden. Ich wusste nur, dass wir den Schmerz „ansehen" würden – was auch immer das bedeutete.

„Okay, Ariel. Mach die Augen zu und sieh den Schmerz mit deinem geistigen Auge an. Wenn der Schmerz an deiner Wade eine Farbe hätte, welche Farbe wäre es dann?"

Das war leicht. „Feuerrot."

„Gut. Wenn er nun Wasser fassen könnte, wie viel Wasser könnte er dann fassen?"

Blitzschnell kam mir das Schwimmbecken meiner Universität, des Mt. Hood Community College, in den Sinn. Daher sagte ich Shya, der Schmerz würde so viel Wasser fassen wie „ein Schwimmbecken von olympischer Größe".

„Okay", sagte er. „Wie sieht es jetzt damit aus? Wenn er eine Form hätte, welche Form wäre es dann?"

„Flach, eine Art von Oval mit rauen und unebenen haarscharfen Kanten, die hervorstehen."

„Gut, Ariel. Du machst deine Sache ausgezeichnet. Sieh dir nun den Schmerz wieder an. Welche Zahl hat dein Schmerz jetzt auf einer Zehnerskala, wobei 10 für unerträglich steht und die Null kein Schmerz ist?"

„23!" Ich wusste, dass die Zahl, die ich ihm nannte, außerhalb der Skala lag, aber ich kümmerte mich nicht darum. Mein Bein tat weh und es tat verdammt weh.

„In Ordnung. Und wenn er genau in diesem Augenblick eine Farbe hätte, Ariel, welche Farbe wäre es dann?"

Als ich hinschaute, hatte sich die Farbe verändert. Sie war nun ein Orangerot mit aufflammenden Stellen in einer dunkleren Farbe, und das berichtete ich. Shya arbeitete mit dieser Methode weiter und leitete mich fortwährend dazu an, die Form, die Farbe, die Zahl und die Wassermenge, welche die Stelle auf meinem Bein nun umfasste, anzusehen – jetzt und jetzt und jetzt. Jeder Augenblick wurde zu einem separaten Juwel in der Kette der Zeit. Es gab nichts, was es zu vermeiden oder zu ignorieren galt, nichts, was im Vergleich mit dem vorangegangenen Augenblick zu sehen war, sondern einzelne Facetten, die zu untersuchen und zu beschreiben waren.

Etwas Erstaunliches geschah. Die Farbe veränderte sich über Gelb- zu Blau- und Grüntönen, schließlich wurde sie weiß. Die Wassermenge schrumpfte auf die Größe eines nierenförmigen Swimmingpools, wie ihn Mr. Danube, der Schwimmlehrer meiner

Kindheit, hatte, dann auf fünf Liter, auf einen Liter, auf eine Tasse zusammen und konnte am Ende nur noch mit Teelöffeln und dann tropfenweise gemessen werden. Selbst die Form schrumpfte auf die Größe und die Form eines Stecknadelkopfes zusammen, und auch die Zahlen der Schmerzintensität gingen auf 2 und dann auf 1 zurück.

Wir hatten es geschafft! Wir hatten dem Schmerz der Situation direkt ins Auge gesehen, und er war besiegt, verschwunden, transformiert. Ich empfand ein tiefes Gefühl der Erleichterung. Und es war auch kein Taschenspielertrick. Vorsichtig stand ich auf und lief ein bisschen herum. Auf irgendeine Weise war der Schmerz sogar noch mehr weggenommen worden, als wenn er durch zwei Riesenbecher voller Eis gekühlt worden wäre. Nicht einmal bei der Heimfahrt, als sich der Wind um mein Bein legte, flammte die Sinneswahrnehmung wieder richtig auf.

Als ich jetzt in unserer Abendgruppe saß, wusste ich, als ich Mitch anschaute, dass der Schmerz, der seine Scheidung begleitete, die Verbrennung in seinem Herzen, ganz genauso brannte und ganz genauso wund war wie mein Bein. Es blieb abzuwarten, ob er dazu bereit war, die Wut heilen zu lassen.

„Mitch, wäre es okay, wenn die Wut sich auflösen würde?

„Ja, Shya, es wäre ein so gutes Gefühl. Ich habe nun schon seit Monaten mit kaum etwas anderem gelebt."

Shya fuhr dann damit fort, ihm eine Reihe von Fragen ähnlich wie diejenigen zu stellen, die er mir an jenem Tag auf dem Parkplatz von Jones Beach gestellt hatte. Als Mitchs Farben heller wurden und die Zahlen an Intensität abnahmen, hellte sich auch sein Gesicht merklich auf.

Schließlich fragte Shya ein letztes Mal: „Und wenn es genau jetzt eine Zahl hätte, Mitch, welche Zahl wäre es dann?"

Mitch öffnete den Mund, um eine Zahl zu nennen, als sein Gesicht plötzlich einen überraschten Ausdruck annahm, während er auf seine Brust herabschaute. Dies erinnerte mich an eine jener Personen, die man im Fernsehen sieht und die an sich herabblicken, um festzustellen, dass der Zauberer ihr Hemd verschwinden ließ und sie das nicht merkten und keine Ahnung haben, wie er das geschafft hat.

„Es ist verschwunden!"

An dieser Stelle herrschten ein paar Augenblicke des Schweigens, doch nur ein paar, ehe Mitchs Verstand mit der nächsten offensichtlichen Frage eingriff: „Und was ist, wenn es später zurückkommt?"

„Mitch, Mitch, Mitch", sagte Shya voller Mitgefühl, „hier driftest du wieder in die Zukunft ab. Bist du jetzt im Augenblick wütend?"

„Nein."

„Nun, dann mache dir auch keine Gedanken darüber. Hast du versucht, deine Wut loszuwerden, während wir miteinander redeten?"

„Nein", lautete die Antwort wieder – nur war sie diesmal etwas verblüffter, als Mitch feststellte, dass er nicht wusste, wie er an den Punkt gelangt war, wo er sich nicht in eine Aktivität stürzte und sich doch ruhig und zentriert fühlte.

„Auch ich habe nicht versucht, deine Wut loszuwerden. Wir haben sie uns nur angeschaut, Mitch, und alles, was du lediglich anschaust, anstatt dich dagegen zu wehren, verliert seine Macht über dich. Ich habe nichts anderes getan, als dich in den Augenblick zu locken."

„Du hast deine Wut dadurch an Ort und Stelle gelassen, dass du sie verurteilst und dich dagegen gewehrt hast. Hältst du Wut für etwas Positives?", fragte ich ihn.

„Nein!", sagte er grinsend.

„Nun, wenn du etwas als negativ beurteilst, möchtest du es nicht mehr wahrnehmen, und dann sitzt es fest."

„Eine Sache gibt es noch, die du tun musst, damit die Wut nicht zurückkommt, um dich zu quälen", fuhr Shya fort.

Ich konnte feststellen, dass Mitch sehr an dem interessiert war, als Shya als Nächstes sagen würde. Er wollte ein paar Tipps, Techniken, die er mitnehmen konnte, so dass er besser darauf vorbereitet wäre, wenn sich die Zukunft wie die Vergangenheit erweisen würde. Er wusste nicht, dass Shya nicht vorhatte, ihm eine Technik zu geben. Er wusste auch nicht, dass du, wenn du einen Tipp für die Zukunft einsammelst, damit du mit einer immer wieder auftretenden Problemsituation besser umgehen kannst, dazu prädestiniert bist, das Problem zu wiederholen. Ich meine damit, wenn du einmal ein neues Set von Werkzeugen bekommst, um etwas zu reparieren, das du für kaputt hältst, dann scheint irgendetwas in dir darauf zu brennen, dass es wieder kaputtgeht, nur damit du sehen kannst, ob sie funktionieren.

„Damit die Wut dich nicht weiter quält, wirst du aufgeben müssen, im Recht zu sein – im Recht darüber, dass sie dich nicht hätte verlassen dürfen, im Recht darüber, dass du ein Opfer in dieser Situation bist. Dieses ganze Zeug. Alles, was du wirklich mit Sicherheit weißt, ist, dass sie weg ist und dass du dich scheiden lässt.

Ich will dir eine Analogie geben, Mitch: Stell dir vor, dass es zwei Wohnungen im Leben gibt, du aber nur eine von ihnen bewohnen kannst. Um in einer von beiden zu leben, musst du Miete bezahlen. Die erste Wohnung ist die ‚lebendige'. In diesem Zuhause fühlst du dich lebendig, erfährst ein Gefühl des Wohlbefindens, bist heil in dir selbst und hast vollkommenen Selbstausdruck. Aber um hier zu leben, musst du aufgeben, im Recht zu sein. Die zweite Wohnung ist die ‚richtige'. Hier liegst du richtig, behältst du recht mit deinem Standpunkt im Leben und allen Situationen, mit denen du konfrontiert wirst. Wenn jemand dich im Straßenverkehr schneidet und du darüber empört bist, dann hast du recht, dass dies ein Grobian war, der dies getan hat, und du zu Recht wütend darüber bist. Aber für die Miete in der ‚richtigen' Wohnung musst du auf das Gefühl der Verbindung mit deiner Umwelt, auf Produktivität und Selbstausdruck verzichten. Du bezahlst mit deiner Lebendigkeit und deinem Gefühl des Wohlbefindens."

Ein Mann in der dritten Reihe meldete sich zu Wort: „Wisst ihr, es ist komisch. Genau darüber habe ich mir heute Gedanken gemacht. Als ich zu meinem Auto ging, dachte ich, dass die Autos, die um die Ecke bogen, langsamer fahren und mich vorbeilassen sollten. Ich will damit sagen, warum hatten sie es so eilig? Sie wendeten nur und wurden dann ohnehin durch die rote Ampel aufgehalten. Sobald ich in meinem Auto saß und losfuhr, wünschte ich mir, dass die Fußgänger sich beeilen und mir aus dem Weg gegen würden. Es schien so dumm von ihnen, mir nicht Platz zu machen, damit ich nicht anhalten musste, bevor ich um die Ecke bog. Für meinen Verstand bin ich immer im Recht und sollte die Vorfahrt haben."

„Das ist nicht verwunderlich. Der Verstand agiert wie ein Computer. Du kannst dich transformieren, aber dein Verstand kann das nicht. Er sagt immer noch ‚Mist'. Er sagt dir immer noch, dass du auf den anderen Burschen wütend sein solltest."

„Wenn wir von wütend sprechen, wie geht es dir jetzt, Mitch?"

„Immer noch bei Null, Shya, immer noch bei Null."

„Versuchst du, ‚bei Null' zu bleiben, wie du es nennst?"

„Nein. Ich verstehe es nicht. Ich bin ganz einfach hier."

Ahh, jetzt kapiert er's, dachte ich, während ich mich zu Shya neigte und er sich zu mir. „Okay, wer hat sonst noch eine Frage?"

DRÄNGEN KANN EINE GEGENREAKTION HERVORRUFEN

Oft nimmt in einer Beziehung der eine oder der andere Partner etwas wahr, das er bei dem anderen gern verbessern möchte. Manchmal ist es eine lästige Angewohnheit, aber häufig taucht die Schwierigkeit auf, wenn dein Partner leidet und du ihm scheinbar nicht helfen kannst. Deinen Partner zu drängen, selbst wenn es „zu seinem Besten" ist, kann als Gegenreaktion Abwehr hervorrufen. Natürlich wird durch Abwehr wieder dem ersten Prinzip Energie zugeführt: Alles, wogegen was du dich wehrst, bleibt bestehen und wird stärker.

Hier eine Geschichte, aus Shyas Sicht erzählt. Sie veranschaulicht, dass es zu einer Gegenreaktion kommen kann, die dir nicht gefallen wird, wenn du versuchst, Menschen zu etwas zu ermuntern oder zu drängen, das du mehr für sie willst als sie selbst es wollen.

Jewels

Vor einigen Jahren lebten wir in Woodstock im Bundesstaat New York. Eine unserer Lieblingsbeschäftigungen bestand darin, einen Laden zu besuchen, der ebenso wie sein Besitzer einen Hang zu sehr ausgewählten Dingen hatte. Dieser hieß Joe und der Laden „Just Joe". Joe ist ein liebenswürdiger bärtiger Mann, der eine Vorliebe für Qualitätsprodukte hat. Wir hatten unsere Verlobungs- und Eheringe bei ihm gekauft, weil eine der Produktlinien, die er führt, edler

Schmuck ist. Gewöhnlich suchten wir seinen Laden samstagmorgens auf, weil Joe einen teuflisch guten doppelten Espresso machte, der gut zu seinen feinen dunklen belgischen Pralinen passte. An regnerischen Tagen kamen wir, um die hausgemachte Tagessuppe bei ihm zu essen, und fast zu jeder Zeit, um uns seine Oldtimer, phantasievolle Vogelhäuschen, orientalische Porzellantassen und -teller, handgewebte Schals, Drachen und qualitativ hochwertige Zigarren von den Kanarischen Inseln usw. anzuschauen.

Eine der weiteren Kuriositäten, die Joe anbot, waren exotische, selbst aufgezogene tropische Vögel, Papageien und Kakadus. Inmitten der Fülle von Dingen, die Spaß machten und die man betrachten, berühren und kaufen konnte, stand ein riesiger, aus Schmiedeeisen selbst hergestellter Vogelkäfig. Dieser Luxuskäfig wurde von Jewels bewohnt, einem großen Kakadu mit schwefelfarbener Federhaube, einem weißen Vogel aus der Papageienfamilie. Jewels und ich hatten eine besondere Beziehung zueinander. Immer wenn ich in den Laden kam, steckte er seinen Kopf aus dem Käfig, rief nach mir und richtete seine Federhaube auf. Wenn ich näher kam, bestand das Ritual darin, dass Jewels seinen Hals bog, den Kopf nach unten zum Boden gerichtet, und mich dazu aufforderte, mit meinen Fingern durch seine Federn zu fahren und seinen Hals kraulend zu massieren. Wenn mein Interesse, ihm den Hals zu kraulen, nachließ, pflegte er wie ein Hund sanft mit seinem Schnabel an meinen Fingern zu knabbern und mit seiner Federhaube gegen meine Hand zu stoßen, wobei er sich noch weiter zwischen den Gitterstäben seines Käfigs hindurchdrückte und mich zum Weitermachen ermunterte. Jewels und ich waren auf diese Weise seit mehreren Jahren miteinander befreundet.

Manchmal, wenn wir zu Besuch kamen, befand sich Jewels außerhalb seines Käfigs und saß auf der Ladentheke oder lief auf Joes Schulter herum. Bei solchen Gelegenheiten begrüßte Jewels mich und hüpfte herüber auf meine Schulter oder Hand und streckte seinen Hals aus, um sich kraulen zu lassen.

Eines Nachmittags besuchten Ariel und ich Joe, und Jewels begann sich wie gewöhnlich gegen die Gitterstäbe seines Käfigs zu drücken, womit er Beachtung verlangte. Ich fragte: „Wäre es in Ordnung, wenn ich Jewels aus seinem Käfig herausholen würde?“, und

Joe sagte: „Sicher, nur zu!" Ich kraulte Jewels' Hals zur Begrüßung, dann löste ich den Riegel und zog die Tür auf. Als ich hineingriff und ihm meine Hand als Sitzstange anbot, kletterte er nicht sofort darauf; daher gab ich seinen Füßen einen leichten Stups mit meinen Fingern in der Hoffnung, dass ich ihn dadurch ermunterte, zum Spielen herauszukommen.

Blitzartig attackierte Jewels mit seinem Schnabel die Haut zwischen meinem Daumen und Zeigefinger. Schockiert und an der Einstichstelle bereits blutend, schrie ich auf und zog meine Hand rasch aus dem Käfig heraus. Jewels hing noch immer daran. Ich schüttelte meine Hand, bis er sich davon löste und auf den Boden flatterte. Dann ging er dazu über, meine Schuhe zu attackieren. Ich trat den Rückzug an, und Jewels begann durch den Laden Jagd auf mich zu machen. Joe rief: „Pass auf, dass er dich nicht kriegt. Sein Schnabel ist dazu imstande, Nüsse zu zermalmen, er kann leicht deinen Schuh durchlöchern und dir den Zeh brechen."

In diesem Augenblick änderte sich meine Beziehung zu Jewels für immer und war danach nie mehr dieselbe. Ich erkannte, dass trotz seines ganzen Drückens gegen die Gitterstäbe seines Käfigs Jewels dort tatsächlich zu Hause war und sich sicher fühlte. Es war sein Wohlfühlbereich und ich hatte nicht das Recht, hineinzugreifen und zu versuchen, ihn dort herauszuholen.

Diese Interaktion lehrte uns eine wertvolle Lektion, die uns bei der Arbeit mit Menschen unterstützt hat. Wir haben herausgefunden, dass wir Menschen, die sich wirklich von dem begrenzenden Charakter ihrer selbstzerstörerischen Gewohnheiten, der negativen persönlichen Entwicklung und ihrer Lebensgeschichte befreien möchten, dabei helfen können. Wenn sie jedoch erklären, dass sie von den Begrenzungen frei sein möchten, die sie während ihres Lebens begleitet haben, sich tatsächlich aber in ihrem Käfig wohlfühlen und diesen nicht aufgeben wollen, dann wird das Hineingreifen, um sie herauszuholen, zu einem gewaltsamen Akt. Sie werden kämpfen, um ihr Recht zu verteidigen, in ihrem Käfig zu bleiben, und sind ganz versunken in die Gründe für ihr Unvermögen, glücklich und gesund zu sein und in einem Zustand des Wohlbefindens zu leben.

Wir wollen damit nicht den Eindruck erwecken, dass du nicht bereit dazu sein solltest, deinem Partner helfend unter die Arme zu greifen. Wir weisen vielmehr darauf hin, dass Menschen manchmal sagen, dass sie Hilfe möchten, obwohl sie es in Wirklichkeit nicht wollen. Wir haben gelernt, das Recht eines Menschen zu achten, in seinem Käfig zu bleiben. Wir haben die Erfahrung gemacht, dass, wenn wir Geduld üben und weiter auf die Tür weisen, jede(r) Einzelne, der/die wirklich frei sein will, seinen/ihren eigenen Weg nach draußen finden wird.

13
WANN ES ZEIT IST AUSZUSTEIGEN

Um das herzustellen, was in einer Beziehung möglich ist, ist es wichtig zu erkennen, dass nicht alle Beziehungen wundervoll sein können und nicht alle Beziehungen fortgesetzt werden sollten.

Eine wundervolle Beziehung ist nur dann voller Wunder, wenn dies ohne Anstrengung und auf natürliche Weise zustande kommt. An deiner Beziehung zu arbeiten funktioniert nicht. Eine Beziehung kann keinen Bestand haben, wenn der eine oder der andere Partner sich im Klaren darüber ist, dass er oder sie nicht mehr in der Beziehung bleiben möchte. Wenn das der Fall ist, dann kannst du diese Beziehung nicht zum Gelingen bringen.

Es gibt für jeden Menschen draußen in der Welt viele mögliche Beziehungen, doch wenn du in einer bleibst, die tot ist oder sich in einem ständigen Zustand des Kampfes, des Misstrauens oder Gefühlsaufruhrs befindet, dann wirst du niemals eine Beziehung finden können, die funktioniert.

Wenn du dich selbst bemitleidest, um deinen Partner zu bestrafen oder als Methode, um seine Aufmerksamkeit zu erlangen, und dies zu deinem Lebensstil geworden ist, dann wird es vielleicht Zeit sein, diese Beziehung aufzulösen und eine zu finden, die für dich funktioniert. Wenn du aufgehört hast, dich zu freuen, und das Leben zu einem andauernden Prozess geworden ist, dich selbst oder deinen Partner manipulieren zu müssen, um ihn weiterhin interessiert oder engagiert bleiben zu lassen, dann ist es höchstwahrscheinlich Zeit, aus der Beziehung auszusteigen.

In vielen Beziehungen erkennt einer der Partner, dass er herauswill, bevor der andere zu diesem Schluss gelangt. Wir haben die

Erfahrung gemacht, dass, auch wenn einer das Sprachrohr für die Beziehung ist, beide dazu beigetragen haben, die Dinge an diesen Punkt zu bringen. Wir haben in der Tat die Erfahrung gemacht, dass beide aus der Beziehung herauswollen, aber derjenige, der „verlassen" worden ist, kann gewöhnlich erst später seinen Anteil daran erkennen, die Auflösung der Beziehung herbeigeführt zu haben.

DIR SELBST VERTRAUEN LERNEN

Unsere Workshops haben die Tendenz, Menschen anzuziehen, die daran interessiert sind, Beziehungen in ihrem eigenen Leben „wundervoll" zu machen. Der folgende Austausch fand in einem unserer Seminare mit einer Frau namens CJ über Beziehungen im Allgemeinen und über die Beziehung zu ihrem im Ausland lebenden, sie betrügenden Mann im Besonderen statt. Dieses Gespräch mit CJ enthüllte so viele der allgemeinen Themen, die wir gesehen haben, während wir mit Menschen daran arbeiteten, wundervolle Beziehungen herzustellen und zu bewahren, dass wir beschlossen haben, das Gespräch im Originalwortlaut abzudrucken, um weder irgendeine der Nuancen von CJ's Herausforderung noch von unserer Interaktion mit ihr zu übergehen. CJ's Situation war ein klassisches Beispiel dafür, nicht darauf zu vertrauen, wann eine Beziehung zu beenden ist.

CJ's Geschichte

CJ: Ich habe immer das Gefühl gehabt, als würde meine Beziehung mich glücklich machen, und wenn ich eine Beziehung finden könnte, die mich glücklich machte, dann würde meine ganze Welt, mein ganzes Leben gelingen.

Ariel: Deine Beziehung wird dadurch gelingen, dass du erfüllt und glücklich bist. Wenn zwei unerfüllte Menschen zusammenkommen, dann denken sie, dass es ein Ganzes ergibt, wenn sie sich miteinander verbinden. Doch es ergibt nur zwei unvollkommene Menschen, die eine Beziehung zueinander haben.

Shya: Wenn du zuerst mit jemand zusammenkommst, dann werden chemische Stoffe in euren Körpern freigesetzt, die alles Übrige außer eurer sexuellen Energie überdecken. Das ist so stark, dass du nicht alle Dinge wahrnimmst, die du an dieser anderen Person auszusetzen hast. Es ist wie ein Aphrodisiakum, ein Liebestrank, der in deinem Körper erzeugt wird. Dann beginnt es sich abzunutzen, der Spaß und die Aufregung verschwinden – und da bist du nun mit diesem anderen Menschen. Du bleibst mit dir und ihm übrig. Er kann dich niemals erfüllen.

Weißt du, du bist entweder glücklich oder du bist es nicht. Eine Beziehung macht dich nicht glücklich, aber wenn sie frisch und unverbraucht ist, dann bekommst du all diese Endorphine, die freigesetzt werden, und du fühlst dich besser. Daher glaubst du, dass die Beziehung das bewirkt hat. Du selbst hast diese Gefühle freigesetzt, aber du verbindest es mit der Beziehung. Das Hochgefühl vergeht nach einer Weile – und da bist du wieder, auf dich selbst gestellt.

Ariel: Der Zeitpunkt, als es sich für Shya und mich richtig anfühlte zu heiraten, war der Tag, an dem ich eine direkte Erfahrung, nicht bloß gedanklich, sondern eine direkte Erfahrung hatte, dass es mir auch ohne Shya gut ging. Ich gab den Wunsch auf, dass er mich heiraten würde, um irgendeine Kindheitsidee davon zu erfüllen, was ich brauchte, um vollständig oder ganz zu sein. An diesem Abend begann Shya damit, mir eine Frage zu stellen, und aus seinem Munde kam etwas anderes: „Willst du mich heiraten?"

Das war für beide von uns eine Überraschung. Aber es passierte aus meinem schon vorhandenen „Vollständigsein" heraus. Ich zögere, dieses Wort zu verwenden, weil ich viele Frauen sagen höre: „Ich bin sehr glücklich, allein zu sein, ich bin in meinem Alleinsein ganz und gar vollständig." Wir verwenden „vollständig" jedoch nicht auf dieselbe Art und Weise. Ihr Gebrauch dieses Wortes bedeutet gewöhnlich, dass sie es aufgegeben haben, jemals eine Beziehung zu irgendjemand zu haben. Oder es ist ein Trick, um zu einer Beziehung zu kommen, wenn beispielsweise jemand zu sich selbst sagt: *Wenn ich diese Haltung ausprobiere, dann werde ich damit vielleicht jemanden anziehen.*

CJ: Es existiert eine Ehrlichkeit zwischen euch beiden, die sehr erstaunlich für mich ist, weil ich weiß, dass ich in meiner Beziehung wirklich untergehe. Ich kann nicht ich selbst sein. Ich habe das Gefühl, dass mein Partner, wenn ich mich so zeige, wie ich wirklich bin, mich dann nicht mögen wird oder dass er über mich urteilen und mich einfach verlassen wird. Das ist etwas, wovon ich einfach das Gefühl habe, es nicht überwinden zu können. Wie schafft ihr es bloß, so ehrlich zu sein?

Ariel: Für mich war es eine Sache der Übung und zunehmenden Selbstvertrauens. Ich sagte früher nicht viel darüber, was in mir vorging, doch das hatte nichts mit Shya zu tun. Ich behielt überall eine Menge für mich. Ich war nicht einmal in der Lage zu erkennen, was richtig für mich war. Ich glaube, der erste Schritt besteht darin zu erkennen, was richtig für dich ist.

Shya: Das ist so wie mit jenem Schal, den wir gestern für dich fanden, als wir zusammen einkaufen gingen, CJ. Du hast dich nämlich an einen schmutzigen alten Schal geklammert, weil es ein Schal ist und weil du einen haben musst. Aber was ist, wenn es nicht der richtige Schal für dich ist und er nicht gut zu deinem Teint und zu deiner Haarfarbe und der übrigen Kleidung passt, die du trägst? Aber es ist ein Schal, verstehst du? So ist deine Beziehung gewesen. Gestern gingen wir an einen Ort mit vielen verschiedenen Schals und probierten einen, der nicht so toll aussah, dann einen anderen, der etwas besser aussah, aber immer noch nicht ganz das Richtige war, und noch einen und noch einen, und dann fanden wir schließlich einen, wo es hieß: „Ja!"

Siehst du, du hast den erstbesten Mann genommen, der dir über den Weg lief und dich etwas mochte, und du hast gesagt: „Nun, er wird der Richtige sein." Aber das ist keine vollkommene Entsprechung, es fühlt sich nicht einmal gut, es fühlt sich nicht wunderbar an. Jedes Mal, wenn du an ihn denkst, denkst du an eure Probleme.

CJ: Das stimmt.

Shya: Du hast dir selbst also nicht die Gelegenheit gegeben, dem richtigen Mann zu begegnen. Ariel und ich hatten nämlich mehrere Partner, bevor wir einander begegneten. Als sie dann auftauchte, hieß es: „Ja!" Wir hatten eine Verabredung und ich wusste, dass sie es war. Ich weiß nicht, woher ich es wusste, aber jede Zelle in meinem Körper sagte Ja. Etwas in mir wusste es. Genau wie bei deinem Schal. Noch bevor du ihn anzogst, sobald du ihn berührtest, wusstest du es. Du hast dir nicht die Art von Freiheit gewährt, eine Beziehung zu finden, die du dir gewährt hast, um den richtigen Schal zu entdecken.

Ariel: Dazu gehört auch, dass du, wenn du es mit einem Mann nach dem anderen probierst und es immer noch nicht die richtige Entsprechung ist, dann anfängst zu denken, irgendetwas stimmt nicht mit dir ... wie mit dem Schal. Er war nicht der Richtige, dann hast du einen anderen probiert und er war es auch nicht, und dann noch einen anderen, und dann hast du angefangen, mutlos zu werden und gedacht, du würdest nie einen finden, der zu dir passt.

Shya: Du glaubst, es hat etwas mit dir zu tun, anstatt dass „Herr Richtig" bisher noch nicht aufgetaucht ist, und du hältst weiter an einer toten Beziehung fest, die bereits seit Jahren tot ist. Ich würde das zu keinem sagen, der eine lebendige Beziehung hätte.

CJ: Es ist so, als ob ich mir selbst nicht wirklich vertraue.

Shya: Vertraust du dir selbst denn mit dem Schal?

CJ: Ja, das tue ich jetzt!

Ariel: Bevor du diesen Schal fandest, hast du einen Monolog über *Kann ich mir selbst vertrauen oder nicht?* geführt. Es war nur ein Monolog in deinem Kopf, weil der Richtige sich noch nicht eingestellt hatte. Daher sahen all diejenigen, die vor dir lagen, nicht nach dir aus, aber es sah so aus, als wären es alle Wahlmöglichkeiten, die wir hatten, und an diesem Punkt hast du dir wirklich selbst nicht vertraut, erkennen zu können, was gut für dich wäre. Als aber dann der Richtige auftauchte, verschwand der ganze innere Monolog über Vertrauen.

Shya: Sobald ich diesen Schal erblickte, wusste ich, dass er der Richtige für dich war. Jeder weiß, wenn etwas richtig ist und passt. Wenn man Menschen in Beziehungen sieht, die nicht zueinander passen, weiß deshalb jeder, dass sie füreinander nicht die Richtigen sind.

CJ: Manchmal denke ich, dass es besser werden wird, wenn ich daran arbeite.

Ariel: Das erinnert mich an Leute, die sich Blusen kaufen, die nicht ganz das Richtige für sie sind, und meinen, wenn sie die passenden Accessoires dazu tragen, dass es dann schon gehen wird. Daher helfen sie ständig mit diesem Gürtel oder jener Halskette nach und *Ich will diesen Schal darüber probieren* oder *Wie wäre es, wenn ich diese Ohrringe trage oder meine Haare einfach so frisiere,* und es sieht immer noch nicht richtig aus.

Shya: Es ist einfach, das bei Kleidern zu erkennen, denn dabei handelt es sich um leblose Objekte, mit denen du dich umgibst, und deine ganze Art zu sein verändert sich, wenn du ein Objekt gegen ein anderes austauschst. So verhält es sich auch mit Beziehungen. Wenn du mit einem Mann fest liiert bist und ihr passt nicht vollkommen zusammen, dann ist das vielleicht in Ordnung, aber es wird nichts Spektakuläres sein. Wenn du darauf vertraust, dass das Richtige sich schon einstellen wird, weil es das immer tut, dann wird dies auch so sein. Und du musst auch nicht auf die Suche nach „Herrn Richtig" gehen; er wird auftauchen, und das geschieht auf die Weise, dass du mit jedem ausgehst, der dich darum bittet, und dann wirst du feststellen, ob er der richtige Typ ist.

Du gehst nämlich nicht mit Leuten aus, die nicht deinen Vorstellungen entsprechen. Wäre Ariel nicht mit mir ausgegangen, weil ich ihr zu alt war (als wir anfingen, uns miteinander zu verabreden, war sie 24 und ich 41), hätte sie den Grundsatz gehabt: *Ich kann mich nicht mit älteren Männern verabreden,* dann wäre sie nie mit mir ausgegangen. Aber du hast bestimmte Maßstäbe, bei wem du Liebe finden wirst, anstatt zu erkennen, was das Universum für dich vorsieht.

CJ: Ich habe kürzlich gedacht, wenn ich nicht bei Carl bleibe, dass es da draußen niemand sonst gibt.

Shya: Carl ist wie dein schmutziger alter Schal, der nicht richtig funktioniert, nicht zu dir passt und den du nicht einmal magst.

Ariel: Dazu kommt, dass du denkst, jeder Mann, der mit dir ausgeht, tut dir einen Gefallen, anstatt dir klarzumachen, dass du eine Menge zu bieten hast. Das hat damit zu tun, dass du dich selbst kennen musst. Damit hast du aufgehört, als du geheiratet hast. Du hast geheiratet, damit die Person, die du liebtest, im Land bleiben konnte.

Shya: Ich glaube nicht, dass ihr zusammen sein solltet, und ich sage dir auch warum. Ihr *seid* nicht zusammen. Wie du uns erzählt hast, ist er in ein anderes Land Tausende Kilometer entfernt von hier gegangen und möchte in Wirklichkeit nicht besonders gerne mit dir zusammen sein. Er hat dort andere Freundinnen und er hat dort Kinder von anderen Frauen. Er hat ein ganz anderes Leben dort. Die Einzige, die an eurer Beziehung festhält, bist du.

CJ: Ich erkenne es jetzt. Es hat lange für mich gedauert, um zu erkennen, dass er in Wirklichkeit gar nicht so interessiert ist. Das macht mich frei.

Shya: Aber verstehst du, du bist immer frei gewesen. Du selbst bist diejenige gewesen, die sich Fesseln angelegt und die Schuld daran der Ehe gegeben hat. Du hast jederzeit die Freiheit, mit jedem zusammen zu sein, mit dem du zusammen sein möchtest. Ich spreche nicht von Sex, ich spreche nur davon, mit Menschen zusammen zu sein. Davon gefördert zu werden, mit anderen Leuten Zeit zu verbringen. Du könntest dir auch selbst eine Beziehung geben, aber damit diese erfolgreich ist, musst du zuerst du selbst sein, ohne dich dafür zu bestrafen, dass du so bist, wie du bist.

Ariel: Hast du irgendwelche Vorstellungen oder Gedankenverbindungen bei den Worten „geschiedene Frau"? Sind Geschiedene Versagerinnen?

CJ: Ja, absolut. Ich habe Angst davor, eine Versagerin zu sein. Das stimmt.

Shya: Wenn du dich scheiden lassen würdest, dann wärest du frei. Etwas wirklich Wunderbares wird mit dir geschehen, wenn du die Fesseln an eine Beziehung, die in Wirklichkeit gar keine Beziehung ist, völlig durchgeschnitten hast. Aber aus irgendeinem Grund klammerst du dich daran. Es hat mit deiner eigenen Panik zu tun, allein zu sein, und der Angst, dass du niemals den richtigen Mann finden wirst.

Ariel: Die Angst dreht sich in Wirklichkeit nicht um Männer, sondern ist einfach Angst. Die gleiche Panik, in einem geringeren Ausmaß, tauchte jedes Mal auf, wenn wir einen Schal, den du dir um den Hals gelegt hattest, wegnahmen und es so aussah, als würde es nie diesen Richtigen geben. Ein Teil deiner Freiheit liegt darin, das zu erfahren, was es zu erfahren gibt, und dazu gehört auch die Panik. Wenn du dich selbst erfahren lässt, ängstlich zu sein, dann wird sich die Angst auflösen.

HERAUSFINDEN, WAS DU WIRKLICH WILLST

Oft sind sich Menschen nicht im Klaren darüber, ob sie in einer Beziehung bleiben sollen oder nicht. Die am meisten verbreitete Reaktion auf diese Unschlüssigkeit besteht darin, sich zurückzuziehen, die Hände vom Lenkrad und die Füße vom Gas zu nehmen. In der Regel möchten die Menschen die Situation beurteilen, einschätzen und darüber nachdenken.

Dich zurückzuziehen wird deine Frage niemals beantworten. Oh ja, du wirst zu einer Antwort kommen, aber sie wird von deinen Denkprozessen und deiner Lebensgeschichte hervorgebracht.

Wenn du wissen willst, ob du in der „richtigen" Beziehung oder auf der „richtigen" Fährte bist, dann engagiere dich! Nicht nur bei deinem Partner, sondern in allen Aspekten deines Lebens. Um wundervolle Beziehungen zu haben, ist ein aktives Engagement für alles erforderlich, was gerade jetzt in deinem Leben vor sich geht.

HINGABE AN DEIN LEBEN IST DER SCHLÜSSEL

Wie wir bereits erwähnt haben: Du verlierst nichts, wenn du dich hingibst. Hingabe ermöglicht dir, Verantwortung für dein Leben zu übernehmen. Es geht darum, dich so zu verhalten, als wären deine Lebensumstände wirklich deine Wahl, und du wählst das, was du hast, ohne über deine Vorlieben nachzudenken. Du verhältst dich so, als würdest du das, was auch immer dein Leben dir anzubieten hat, wirklich wollen, anstatt dich als Opfer deiner Lebensumstände zu sehen.

Für die meisten von uns gilt jedoch Trägheit; das ist fast so, als wären gewisse Aspekte unseres Lebens in Sirup gehüllt. Es gibt Jahre von Enttäuschungen, die den Eindruck erwecken, dass es die Mühe nicht lohnt, es zu versuchen, dass es die Mühe nicht lohnt, sich für etwas einzusetzen. Um die Trägheit zu überwinden, ist es erforderlich, sich total zu engagieren. Wenn du dich zu 100 Prozent einsetzt, wenn du dich total in deinem Leben engagierst, dann wird deine Wahrheit offensichtlich, aber nicht als intellektuelle Übung. Deine Wahrheit wird sich dir mehr als etwas ganz Selbstverständliches enthüllen.

Eine Menge Widerstand, den du erleben wirst, wenn du dich total in deinem Leben einsetzt, beruht auf der Vorstellung deiner eigenen Unzulänglichkeiten, die von einer früheren Version von dir, einer sehr viel früheren Version von dir zusammengetragen worden sind. Da der Verstand ein Aufnahmegerät früherer Gespräche über die Ereignisse unseres Lebens ist, hält er an alten Konzepten fest, so als wären sie noch frisch und neu. Als wir noch sehr jung gewesen sind, waren unsere motorischen Fähigkeiten und unser Koordinationsvermögen nicht annähernd so wie die eines Erwachsenen, doch viele unserer Ansichten und Gespräche darüber, wozu wir fähig sind und was wir können oder nicht, rühren von Beschlüssen her, die lange vor der Pubertät gebildet wurden. Vorstellungen, die wir über unsere eigene Erwünschtheit, Attraktivität und unseren Wert haben, bekamen ihren Platz zugewiesen, lange bevor die gegenwärtige Version von uns entstanden ist.

Da es sich so verhält, kannst du offenbar nichts anderes tun, als weiter dieselben Gespräche zu führen, die du schon in der Vergangenheit geführt hast. Ahh, aber es gibt etwas, genannt Transformation. Transformation bedeutet zu entdecken, wie du in den Augenblick eintreten und im Augenblick leben kannst. Wenn du in diesen gegenwärtigen Augenblick gelangst und alte mechanische Verhaltensweisen wahrnimmst, wenn sie auftauchen, dann wird die Wahrnehmung von ihnen und die Wahrnehmung deiner Gedanken und Ideen darüber, wer du bist und wozu du fähig bist, diese Verhaltensweisen auflösen und dir ermöglichen, die Freiheit zu entdecken und du selbst zu sein.

ENTHUSIASMUS IST GLEICH LEBEN

Um die Energie zu entwickeln, dich selbst in dein Leben und in den Augenblick hineinzuziehen, brauchst du Begeisterung. Viele von uns haben diese Begeisterung am Anfang nicht. Wir werden von unseren Gedanken beeinflusst, die unsere Unzulänglichkeiten wiederholen, so dass wir uns nicht einmal bemühen, es zu versuchen. Es heißt, dass die längste Reise mit einem einzigen Schritt beginnt. Du musst es anpacken.

Wie wird man enthusiastisch? Nun, die meisten Menschen suchen nach etwas, das es wert ist, ihr Herz, ihre Seele und ihre Leidenschaft hineinzugeben. Sei unbesorgt. Du musst nicht weit suchen. Blicke dich um. Wo bist du in diesem Augenblick? Es spielt keine Rolle. Du kannst damit anfangen, die Begeisterung zu entwickeln, die du auf ganz natürliche Weise dafür hast, dass du jetzt, in diesem Augenblick lebst. Tatsächlich ist das der einzige Zeitpunkt, den es gibt. Du brauchst nicht darauf zu warten, dass sich die äußeren Umstände zu einer günstigeren Position zusammenfügen. Du hast die vollkommenen Umstände zur Transformation – genau in diesem Augenblick.

Sieh dich in deinem Haus, in deiner Wohnung um, wo auch immer du bist. Es gibt Dinge, die zu vollenden du immer vermieden hast. Stelle fest, was es ist, und tu es. Das ist zu viel verlangt? Okay, fange mit einer Sache an. Irgendeiner. Die Vollendung von Projekten, in der Tat jede Art von Vollendung, gibt dir Energie zurück. Spüle Geschirr, mache dein Bett, tätige diesen Anruf, erledige jene Besorgung. Mit irgendetwas anzufangen gibt dir Kraft. Nimm zur Kenntnis, wenn deine Gedanken sagen: *Ich kann das nicht, ich bin nicht gut genug dafür, ich werde nie dazu in der Lage sein, das zu erledigen* – und tu es trotzdem. Das ist der Anfang. Das ist der Anfang, dein Leben zurückzufordern. Spüre, wie deine Energie dir wieder zuströmt. Spüre, wie du wieder lebendig wirst. Es muss kein Monumentalprojekt sein. Beginne mit einer kaputten Glühbirne oder einer Staubecke, um die du seit Wochen einen Bogen gemacht hast.

Das Leben ist ein spannendes Abenteuer.
Wenn es dir nicht so vorkommt, dann gibt es etwas anderes, womit du beschäftigt bist:
wahrscheinlich mit deinen Gedanken über dein Leben.
Erkenne, dass es bloß Gedanken sind
und nicht die Realität.

Wir beide glauben fest an die Lebensphilosophie des „So tun als ob“. Wenn du jetzt im Augenblick keine Begeisterung für deine Beziehung aufbringen kannst, dann tu so als ob! Dies wird dir die Fähigkeit verleihen, dich voll einzubringen, und bevor du dich versiehst, wirst du nicht mehr so tun als ob, oder du wirst dazu angespornt, Schritte zu erkennen, die zu unternehmen sind.

Übungen: Herausfinden, was du wirklich willst

1. Spiele ein Spiel. Wenn du zum Beispiel Geschirr spülst oder ein Kommunikationsproblem erlebst, sage ruhig zu dir selbst: *… und das ist, was ich will.* Wenn du an etwas Spaß hast, sage: *… und das ist, was ich will.* Wenn du aufgebracht oder wütend bist, sage: *… und das ist, was ich will.* Wenn du glaubst, dies sei ein dummes Spiel, dann sage zu dir selbst: *… und das ist, was ich will.*
2. Finde etwas Einfaches, das zu vollenden ist, und vollende es. (Nimm dir die Freiheit zur Wiederholung!)

SPASS IST KEIN SCHIMPFWORT

Oh, dieser Druck! Männer wie Frauen versuchen, „die Eine“ oder „den Einen“ zu finden. Auf der Suche nach einem potenziellen Ehepartner wirkt der Drang, eine Beziehung zu finden und sie am Laufen zu halten, als treibende Kraft. Die Leute sind derart beschäftigt, nach jemandem zu suchen, der für eine Beziehung geeignet ist, und Herrn oder Frau „Richtig“ zu finden, dass sie darüber vergessen, Spaß zu haben. In der Tat, sich zu verabreden, um Spaß zu haben, wird als frivol angesehen oder insgeheim für geradezu unmoralisch gehalten. Wenn du ausgehst, um dich zu amüsieren und Spaß zu haben, anstatt einen heiratsfähigen Partner zu finden, so wird dies im Allgemeinen als großes Tabu betrachtet.

„Das trifft auf mich nicht zu!“ könntest du einwenden. *„Ich denke, Spaß zu haben ist wirklich gut und eine tolle Idee.“*

Na gut, dann ergänze einmal folgenden Satz: *Eine Frau, die in einer Woche mit vier verschiedenen Männern Verabredungen hat, ist* _____.

Oder ergänze folgenden Satz: *Ein Mann, der sich mit vier verschiedenen Frauen trifft, ist* ______.

Natürlich könnten einige von euch den Satz mit dem Gedanken ergänzen, dass er oder sie „glücklich“ ist, aber entspricht das wirklich der Wahrheit? Ist es dir jemals schwergefallen, dich selbst zwanglos mit mehr als einer Person gleichzeitig zu verabreden? Hast du jemals nur eine einzige Verabredung mit jemandem gehabt und dann eine

Menge Zeit damit verbracht, über ihn oder sie unter Ausschluss aller anderen nachzudenken? Hast du jemals darauf verzichtet auszugehen, weil du wartest, hoffst auf jenen Telefonanruf, jene E-Mail in deiner Phantasie, die nie kommt? Oder hast du dich nach jemandem gesehnt, der in einer anderen Stadt oder in einem anderen Land lebt, wobei du ganz genau weißt, dass du nicht die Absicht hast umzuziehen und er oder sie auch nicht?

Im Laufe der Jahre haben wir erlebt, wie sowohl Männer als auch Frauen augenblicklich ihre Hoffnungen auf eine Person unter Ausschluss aller anderen setzen. Nehmen wir als Beispiel Jessica: Jessica begann E-Mails mit Bill auszutauschen, einem Mann von einer Internet-Kontaktbörse. Er schien so nett zu sein, dass sie die anderen E-Mails von anderen angehenden Bewerbern nicht beantwortete, weil sich dieser Mann hoffentlich als ihr Freund herausstellen würde. Sie dachte viel an ihn und war voller Erwartung, welche weiteren Mitteilungen von ihm kommen würden. Schließlich sprachen sie miteinander, und endlich hatten sie eine Verabredung und dann noch eine.

Jessica stellte fest, dass persönlich zwischen ihr und Bill die Chemie nicht stimmte. Tatsächlich waren seine Ansichten im wirklichen Leben anders als das, was er schriftlich geschildert hatte, und seine Urteile über sie waren beleidigend. Da Jessica alle übrigen potenziellen Möglichkeiten hatte verstreichen lassen, musste sie nun wieder ganz von vorn anfangen. Aber sie fühlte sich entmutigt und beschloss, eine Pause mit Internet-Kontakten zu machen; ehe sie sich versah, waren Monate vergangen, ohne dass sie sich mit jemand verabredet hätte. Jessica fing an, sich einfach für unattraktiv zu halten. Wenn du einmal deinen Impuls verlierst, dann ist es schwer, ihn wiederzugewinnen.

Wie wäre es, wenn du einfach damit anfangen würdest, aus Spaß auszugehen? Sieh zu, ob du die gesellschaftliche Programmierung, einen Ehepartner zu finden, dabei mit einschließen kannst, und dann erlaube dir einfach, Freude mit Menschen, mit vielen Menschen zu haben. Der beste Ort, um damit anzufangen, ist überall! Wenn du dir zu erlauben beginnst, Spaß mit der Person zu haben, bei der du morgens deinen Kaffee kaufst, oder mit dem Kartenverkäufer im Kino oder jemandem in der Warteschlange vor der Kasse, dann wirst du anfangen, dich zu entspannen und mehr du selbst zu sein. Du selbst zu sein ist wirklich attraktiv.

Für wen interessierst du dich mit größerer Wahrscheinlichkeit: für jemand, der sich gut unterhält und Freude am Augenblick findet, oder für jemand, der versucht, ein Programm durchzuziehen?

Vor Kurzem berichtete uns eine Freundin von einer Verabredung mit einem ihr vorher unbekannten Mann, die sich durchaus heiter anließ; doch gegen Ende jenes ersten Abends begann er davon zu sprechen, dass sie beide heiraten würden. Das ernüchterte sie völlig. Beziehung ist nun einmal nichts, was man erzwingen kann.

Wenn du die Falle, dass du versuchst, eine Beziehung zustande zu bringen, erkennst und umgehst, dann wirst du vielleicht feststellen, dass du so viel Spaß mit jemand hast, dass sich eine Beziehung auf wunderschöne Weise einfach ergibt.

Manche von euch mögen dies lesen und denken: *Gott sei Dank habe ich meinen Partner gefunden und muss mir keine Gedanken mehr über Verabredungen machen.* Wenn das auf dich zutrifft, dann stellt sich hier eine Frage: Was habt ihr beiden in der letzten Zeit getan, um Spaß miteinander zu haben?

NOCH EINMAL VON VORN ANFANGEN

Hast du dich jemals in einer jener Launen befunden, wo einfach alles, was dein Partner sagt oder tut, Anlass zum Streiten gibt? Wenn du wütend oder erregt bist und nichts, was er sagt oder tut, richtig ist oder genügt, um dein Gefühl von Verärgerung abzuschwächen?

Vor Kurzem sind wir einem Paar begegnet, das in einen solcher veränderten Bewusstseinszustände verstrickt war. Sie kamen zu uns, um über ihre Beziehung zu sprechen und wie, was auch immer sie taten, es immer auf Ärger und Verdruss hinauslief und ihr Streit sich niemals völlig aufzulösen schien. Sicher, von Zeit zu Zeit legte er sich etwas, doch das Feuer des Widerspruchs schwelte immer nur unter einer dünnen Schicht und konnte jederzeit ausbrechen.

Das Komische daran war, dass beide von ihrem individuellen Standpunkt aus recht hatten. Von seinem Standpunkt aus hieß es: „Sie will immer …“, und von ihrem Standpunkt aus hatte er unrecht, und alle ihre Freunde stimmten mit ihrer Sicht der Situation überein. Dieses Paar hatte eine lange Liste von Kränkungen, die in die Anfangszeit ihrer Beziehung zurückreichten. Es waren vergangene Ereignisse, über die sich die beiden weiterhin uneinig waren.

In der Beziehung von Hal und Mary gab es grundlegende Verhaltensmuster, die wir auch in anderen engen Beziehungen erlebt haben, wo nichts sich aufzulösen schien. Wie sehr sie auch immer versucht hatten, die Situation zu verändern oder in Ordnung zu bringen, sie blieb weiterhin dieselbe oder wurde sogar noch schlimmer. Daher kamen sie zu uns, um ins Auge zu fassen, ob sie zusammenbleiben sollten oder nicht. Ihre Situation wurde weiter durch die Tatsache erschwert, dass sie gemeinsam eine 16 Monate alte Tochter hatten. Mittlerweile war das Gefühl von Intimität zwischen ihnen völlig abgenutzt, und obwohl sie sehr an ihrer Tochter hingen, war sie zum Brennpunkt für viele ihrer Zwistigkeiten geworden.

Das wirkliche Problem war, dass Mary und Hal sich trotz ihres ganzen Streites offensichtlich immer noch liebten. Sie konnten einfach nur keinen Weg finden, um die alten Kränkungen zu vermeiden, die immer wieder an die Oberfläche kamen – brandstiftende Verhaltensweisen, die sie gegen ihren Willen zum Kämpfen brachten.

Unser gewöhnlicher Ansatz besteht darin, herauszufinden, wo alles angefangen hat und was passiert ist, um den Streit einzuleiten. Als wir uns aber danach erkundigten, was dieses Verhalten zuerst hervorrief, hatten sowohl Hal als auch Mary beide ihre Begründungen dafür, was der andere getan oder nicht getan hatte und wodurch die Situation entstanden war, und von ihrem jeweiligen Standpunkt aus hatten beide „recht". Offensichtlich hatten wir hier ein Patt oder eine Sackgasse. Was auch immer wir zur Sprache brachten, beide fühlten sich jeweils zu ihrer Erfahrung berechtigt, dass der/die andere die Ursache für ihren Stress, ihre Verstimmung und Unzufriedenheit sei. Das ist für die meisten Beziehungen, die in Schwierigkeiten stecken, normal.

In Situationen wie der bei Hal und Mary, in der die Partner seit mehreren Jahren zusammen sind, ist der Ausgangspunkt für die Unstimmigkeiten immer unklar. Was also ist zu tun, um den Schmerz zu vermindern, wenn du in einem gewohnheitsmäßigen Beziehungsverhalten festsitzt, das keinen Anfang und kein Ende zu haben scheint und sich in seiner Häufigkeit, Intensität und Dauer weiter beschleunigt?

An irgendeinem Punkt werden die Gründe, weshalb du aufgebracht bist, irrelevant, weil alles zum Anlass für Störungen wird. Die Situation ist so lange Zeit ungelöst geblieben, dass keine Möglichkeit besteht, zurückzugehen und alle Kränkungen und Übertretungen in Ordnung zu bringen.

Was also ist dann zu tun? Ihr könnt euch voneinander trennen, und dies ist das Endergebnis, zu dem sich viele Liebesbeziehungen entwickeln … man nennt es Scheidung. Ihr könnt euch gegenseitig unaufhörlich bestrafen und ein Leben voller Beschwerden und Schmerz führen. Oder ihr könnt noch einmal von vorn anfangen.

Hier erzählen wir euch, wie wir es geschafft haben. Es hat Phasen in unserer Beziehung gegeben, in denen wir miteinander stritten und keinen Ausweg aus der Unstimmigkeit finden konnten, in der wir festsaßen. Schließlich stießen wir auf ein Hilfsmittel, das es uns erlaubte, mit dem Streiten aufzuhören, und das geschah so:
Eines Tages fuhren wir nach New York hinein und waren aus irgendeinem Grund in eine Meinungsverschiedenheit verwickelt. Das Ganze eskalierte und war wie ein entzündeter Zahn, den du ständig mit deiner Zunge reizt; wir schienen ihn nicht in Ruhe lassen zu können. Unser Schweigen war geräuschvoll, sehr geräuschvoll. Und jeder von uns war überzeugt davon, dass er mit seinem eigenen Standpunkt recht hatte und der andere schlicht und einfach unrecht. Beide fühlten wir uns kritisiert und missverstanden. Das war kein gutes Gefühl, aber es schien keine Möglichkeit zu geben, den Konflikt zu lösen. Schließlich kamen wir auf die Idee, noch einmal von vorn anzufangen. Wir wählten eine Überführung vor uns auf dem Highway aus und sagten: „Wenn wir unter dieser Überführung durchfahren, ist es *vorbei.*" Das hieß, sobald unser Auto diese Stelle passiert hatte, würden wir uns so verhalten, als hätte dieses unangenehme Gespräch niemals stattgefunden. Also fuhren wir weiter. Zuerst erforderte es Disziplin, der Versuchung zu widerstehen, über den Wortwechsel nachzudenken, der gerade vorgefallen war; doch wir richteten unsere Gedanken und Gesprächsthemen auf aktuelle Dinge, beispielsweise auf das, was wir beim Blick aus dem Fenster sehen konnten, und auf unsere Pläne für diesen Tag, anstatt die Vergangenheit wieder aufzuwärmen.

Heute können wir uns nicht mehr daran erinnern, worum es bei unserem Streit ging. Damals schien es so wichtig zu sein, doch heute sind die näheren Einzelheiten in Vergessenheit geraten. Wir wussten, dass auch Hal und Mary den Streit vergessen konnten, wenn sich die Gelegenheit dazu bot, und daher schlugen wir ihnen vor, noch einmal von vorn anzufangen. Wir warnten sie davor, dass es eine Herausforderung sein würde, nicht aus Gewohnheit wieder in die früheren Meckereien zu verfallen, doch sie waren ganz aufgeregt und fasziniert von dem Gedanken.

An diesem Abend hatten Hal und Mary eine Verabredung. Seit vor der Geburt ihres Kindes hatten sie keine wirkliche regelrechte Verabredung mehr gehabt. Sie ergriffen diese Chance mit beiden Händen, was zu Intimität führte. Als es jedoch das nächste Mal zu einem störenden Vorfall zwischen ihnen kam oder unvermittelt eine ähnliche Art von Meinungsverschiedenheit über ihr Kind auftauchte, war Disziplin erforderlich, um der Versuchung zu widerstehen, auf alte Vorfälle zurückzukommen. Mit Praxis kann die Gewohnheit, alte Geschehnisse in deinen Gedanken oder deinen Handlungen wieder aufzugreifen, allmählich verschwinden.

IRGENDWANN

Es gibt eine ganze Menge „Irgendwann“-Gedanken, die deine Beziehung untergraben werden;

> Irgendwann werden die Dinge besser sein.
> Irgendwann werde ich aufhören, mich so zu verhalten.
> Irgendwann werde ich diese mechanischen Verhaltensweisen überwinden.
> Irgendwann wird er (oder sie) sich ändern.
> Irgendwann, wenn wir heiraten, werden wir glücklicher sein.
> Irgendwann …

Während der Lektüre dieses Buches hast du dich selbst und dein mechanisches Beziehungsverhalten wahrgenommen. Die Augen sind dir geöffnet worden für versteckte innere Programme, Vorurteile und viele, große wie kleine, Arten und Weisen, mit denen du dir selbst im Weg gestanden hast, als du die Beziehung deiner Träume herstellen wolltest. Jetzt aber, wenn du wie die meisten Menschen bist, wirst du insgeheim das neue innere Programm haben, solche „negativen“ Dinge aus deinem Leben zu eliminieren. Du wirst deine Vorurteile überwinden, deine kleinlichen Gedanken und den Drang, dich mit deinem Partner zu streiten, vermeiden und zu einem gesünderen und glücklicheren Beziehungsverhalten gelangen.

Weißt du was? Das ist *Veränderung*, keine Transformation. Du kannst dich transformieren, aber der Mechanismus deines Verstandes ändert sich nicht. Wenn du feststellst, dass dieser Augenblick alles ist, was es gibt, und dass irgendein zukünftiges „Irgendwann“ in deiner Phantasie dich nicht retten wird, dann bist du augenblicklich gesünder und glücklicher; aber dafür brauchst du nicht zuerst dich selbst, deinen Partner oder deine Lebensumstände verändern.

Der Augenblick ist wie ein Film und der Soundtrack wird als Tonstreifen entlang des Films gelegt. Dein Soundtrack mag angenehme Dinge sagen oder er mag sich beschweren. Der Verstand ist eine Maschine, und wenn du erwartest, dass sich die Art und Weise verändert, wie er funktioniert, dann wird dies nur dazu führen, dass du verärgert und enttäuscht bist. Wenn deine Lebensumstände genügend belastend, genügend herausfordernd werden oder wenn es starke Einflüsse in deiner Umgebung gibt, die auf dich einwirken, dann kannst du darauf gefasst sein, dass altbekannte Formen des Beziehungsverhaltens wieder auftauchen.

Wenn ein Baum gefällt wird, kannst du die Ringe sehen, die in jedem Wachstumsjahr gebildet wurden. Sie stehen für die Zeiten mit reichlich Sonne und Regen, aber auch für die mageren Jahre. Zu der Schönheit eines Fußbodens oder Tischs aus Hartholz beispielsweise gehört die Holzmaserung. Nun, deine mechanischen Verhaltensweisen sind wie Holz, sie sind dir wie eine Maserung tief eingeprägt. Wenn du an dir selbst arbeitest, herumschnippelst und die Maserung abzuschleifen versuchst, dann bleibt nichts von dir übrig. Wie wir in dem Kapitel *Derjenige, der zuhört* gesagt haben, in dem Ariel die Bandschleife des Zeitrafferaufnahmeverfahrens betrachtete, bei dem die rote Rose spross, wuchs und erblühte, wurden deine mechanischen Verhaltensweisen zu einer anderen Zeit, an einem anderen Ort, durch eine frühere Version von dir in der Vergangenheit festgelegt, und das kann nicht verändert werden.

Bisweilen wirst du im Augenblick leben,
und dann gibt es Zeiten, in denen dein Mechanismus
übernimmt und du alte Verhaltensweisen aus der
Vergangenheit wiederholen wirst.
Sei darauf gefasst und beurteile es nicht!

James, ein Freund von uns, erzählte uns vor Kurzem, dass er und seine Frau eine hitzige Auseinandersetzung begannen, unmittelbar nachdem seine Familie die beiden besucht hatte. Innerhalb von zehn Minuten wurde James klar: *Das ist nicht normal für unser Beziehungsverhalten. Durch die Interaktion mit meiner Familie müssen wir irgendwo aus dem Gleichgewicht geworfen worden sein.*

James sagte, es sei ähnlich gewesen, wie plötzlich auf einer Fahrt in einer altbekannten Geisterbahn zu sein. Mittels Bewusstheit erkannten er und seine Frau jedoch, dass der Streit nicht ernst war, sie gar nicht betraf und es so war, als könnten sie gemeinsam aus dieser holprigen Fahrt abspringen und wieder auf ihren Füßen landen. In der Vergangenheit waren Streitereien wie diese tage- oder monatelang mit vielen Selbstbeschuldigungen, verletzten Gefühlen und Zeit, sich davon zu erholen, weitergegangen. Weil James und seine Frau sich nicht deswegen verurteilten, dass sie in alte mechanische Formen ihres Beziehungsverhaltens zurückgefallen waren, transformierte sich die Situation unmittelbar.

Transformation ist ein Set von Fertigkeiten, und wie bei jeder anderen Fertigkeit wirst du im Laufe der Zeit besser, wenn du sie übst. Dies ist eines der größten Paradoxa bei unserem Ansatz.

Transformation ist unmittelbar,
doch ihre Auswirkungen
nehmen im Laufe der Zeit zu.

Ich habe solchen Durst

Ein Mann unternahm einmal eine Zugreise und buchte für die Nacht die obere Schlafkoje in einem Schlafwagen. Als er gerade im Begriff war einzuschlafen, hörte er, wie der Mann in der Schlafkoje unter ihm zu stöhnen anfing: „Oh, ich habe solchen Durst. Ich habe *solchen* Durst!" Nachdem ihm klar wurde, dass der andere Mann sich weiter beklagen würde und er selbst nicht würde schlafen können, setzte sich der Mann auf, kletterte aus seiner Koje herunter und holte dem Reisenden in dem unteren Bett ein Glas Wasser. Zufrieden, dass er eine Lösung für die Situation gefunden hatte, kehrte der Mann in die obere Koje zurück und streckte sich wieder aus. Gerade als er wieder in den Schlaf sinken wollte, hörte er den Mann in der Koje unter ihm sagen: „Oh, ich hatte solchen Durst. Ich *hatte solchen* Durst!"

Wenn du glaubst, dass du glücklich sein wirst, wenn du die Sache, über die du dich beklagst, in den Griff bekommst, dann bereitest du dir eine große Enttäuschung. Dich zu beklagen ist eine Gewohnheit. Dich zu beklagen stärkt nur denjenigen Teil in dir, der sich beklagt.

IRGENDWANN IST HIER UND JETZT

Die Beziehung, die du gegenwärtig hast, ist in diesem Augenblick die beste, die für dich möglich ist. Wenn du gegenwärtig Single bist, dann ist die Beziehung, die du zu dir selbst hast, die bestmögliche in diesem Augenblick, und du kannst nur das haben, was du hast (zweites Prinzip).

Um eine wundervolle Beziehung herzustellen, musst du dazu bereit sein, du selbst zu sein, jetzt, genauso wie du bist und genauso wie du nicht bist, anstatt auf irgendeine neue verbesserte Version von dir zu warten. Wenn du versuchst, dich selbst zu verbessern, dann ist dies ein langer und mühsamer Weg. Und vielleicht wirst du schließlich ja sogar besser werden … ganz allmählich … in sehr begrenzten Bereichen und in anderen nicht.

Wenn du den Mut hast, dich selbst ehrlich zu sehen, und dich nicht für das verurteilst, was du siehst, dann wird sich dein Leben transformieren und gemeinsam damit auch deine Beziehungen. Transformation ist wie der Stein der Weisen in der Alchemie, von dem behauptet wurde, er verwandle unedle Metalle in Gold. Transformation erfasst eine alltägliche durchschnittliche Beziehung und verwandelt sie in eine voller Wunder.

Die Autoren

Stell dir vor, wie es wäre,
tagaus, tagein gute Beziehungen zu haben – und nicht nur dann,
wenn die Umstände zufällig einmal günstig sind.

Durch ihre eigene persönliche Reise haben Ariel und Shya Kane die Geheimnisse entdeckt, wie man Beziehungen frisch, liebevoll und lebendig erhalten kann. Nach mehr als 20 gemeinsamen Jahren werden sie immer noch gefragt, ob sie jungverheiratet sind.

In *Das Geheimnis wundervoller Beziehungen* wirst du eine weitaus schnellere und dauerhaftere Technik als die finden, dich selbst und deinen Partner zu kritisieren und endlose Listen mit guten Vorsätzen aufzustellen, die dich dazu bringen sollen, dass du dich positiver verhältst. Du wirst die Möglichkeit von *Unmittelbarer Transformation* entdecken.

Ariel und Shya laden dazu ein, mit dir die wesentlichen Faktoren zu teilen, die Beziehungen aus dem Bereich des Alltäglichen und Durchschnittlichen in den Bereich des Wunderbaren versetzen. Dieses Buch wird dich dazu befähigen, auf allen Gebieten deines Lebens fördernde und erfüllende Beziehungen zu haben. In *Das Geheimnis wundervoller Beziehungen* wirst du deine Fähigkeit wiederentdecken, enge, spannende und tiefe Beziehungen herzustellen – wozu auch diejenige zu dir selbst gehört.

Ariel und Shya Kane sind international anerkannte Autoren, Seminarleiter und Berater, deren erstes Buch „Lebe im Augenblick! Verwandeln statt verändern – Die Erfahrung der Unmittelbaren Transformation", *Working on Yourself Doesn't Work,* ein Bestseller wurde. Ihr transformativer Ansatz ermöglicht es Menschen, Befriedigung und erhöhte Leistungsfähigkeit in allen Bereichen ihres Lebens zu entdecken, ohne an ihren „Problemen" zu arbeiten. Sie sind erfahrene Wegbegleiter, die – mit großem Geschick und Humor – den Leser durch den Sumpf des Verstandes in die Klarheit und Brillanz des Augenblicks führen. Als Katalysatoren für die Persönliche Transformation bieten die Kanes Beratungen und Seminare für ein breites Spektrum von Klienten, von Einzelpersonen und Paaren bis hin zu Firmen und Großunternehmen an.

Kontaktadressen

Wenn du das laufende Seminarprogramm der Kanes auch im deutschsprachigen Raum kennenlernen möchtest, dann informiere dich über ihre Webseite (auch in Deutsch) unter:

http://www.TransformationMadeEasy.com
oder
www.Unmittelbare-Transformation.de

oder schreibe an:
ASK Productions, Inc.
457 Route 579
NJ - 08848 Milford
USA

oder sende eine E-Mail an:
germany@ask-inc.com (Deutschland)
kanes@ask-inc.com (USA)

MEHR VON ARIEL & SHYA KANE IM WINDPFERD VERLAG

Lebe im Augenblick!

Dieses Buch ist eine radikale Umkehr der Vorstellung, dass man an sich arbeiten muss, um eine Veränderung zu bewirken. Hier gibt es keine Tricks zu erlernen, keine Lebensregeln zu befolgen, und keine vorgeschriebenen Pfade müssen eingeschlagen werden. Bei der Unmittelbaren Transformation geht es um einen Wechsel der Realität. – Mithilfe des in diesem Buch Dargestellten ist es möglich, eigene natürliche Fähigkeiten zu entdecken wie: in einem Zustand des Wohlgefühls zu leben, immer zentriert zu bleiben und auf ehrliche und natürliche Art in Beziehung zu treten. Das führt in allen Lebensbereichen zu einem Mehr an Spontaneität, Freude und Kreativität.
ISBN 978-3-89385-644-2

SEIN – Die Kraft des Augenblicks

Zu allen Zeiten wurden Geschichten erzählt, um zu lehren, zu inspirieren und zu unterhalten, aber auch zu erleuchten. Ariel & Shya Kane haben wahre Geschichten aufgeschrieben, die zeigen, wie sich Transformationen ereignen und welches Potential an Glück und Kraft solche Momente freisetzen. Ein herzerfrischendes Buch über die Kraft der Gegenwart! – Es gibt immer die Chance, eine Situation mit völlig neuen Augen zu sehen. Es ist dieser Wechsel der Perspektive, der zu einem Quantensprung an Wohlgefühl, Freude und Zufriedenheit führt. Bei der Unmittelbaren Transformation wird das Problem zur Lösung – ohne dass etwas gelöst werden muss: es transformiert sich einfach.
ISBN 978-3-89385-645-9

WWW.WINDPFERD.DE